新しい世に生き続ける

樋口政昭

Higuchi Masaaki

風詠社

目次

使用聖書：聖書協会共同訳
日本聖書教会　２０１８

はじめに

グローバル時代の新型コロナパンデミック。只恐れ慄く世とは異なり、その正体は解っているだけに、言いようのない閉塞感・倦怠感の中に置かれました。

外出制限、人に近づくことも憚られます。オンラインテレワーク、授業など人との何気ないふれあいもままなりません。

さらに、多くの問題を抱えつつ生きてゆかねばならない状況に追い込まれてしまっています。健康、家族と人間関係、食料とエネルギー、環境と温暖化、災害、犯罪、内戦や紛争、核の脅威などなど、常に問題と同居の生活です。もう成るようにしかならない。いくら足掻いてもどうにもならないのだと諦めの心が先行してしまうかも知れません。

先行きの良い変化、事態の好転への期待が失われているわけではありませんが、過度の落胆に陥ることなく希望を失うことのないよう、人類の前途に置かれている明るい将来について調べてゆきたいと思います。

まず、考えたい事の一つは、わたしたちは過多とも言える情報化社会の中に生きている、と言うことです。良いニュース、悪い知らせもあっという間に世界を駆け巡り、目にし、耳にすることが出来、問題への対処を考え変化に備えることができます。しかしながら時に誤った情報を取り入れることがあり、偽りの情報を信じてしまうこともあります。

真偽を正すにしても、個人としての能力には限界があり、検証したくも科学の進歩の追いつかない命題もあります。

例えば、永年に亘り、真理として人々に受け入れられ指針とされてきた天動説は確証された事実ではありませんでした。

考えたい二つ目の事は、科学の進歩という点で、わたしたちはかなり恵まれた時代に生きていることです。科学の進歩がなければ天動説を信じるほかなく、太陽や星は地球を中心として回り続けていることでしょう。

しかし今日、わたしたちは球体である地球が太陽を中心として回り続ける姿を宇宙からのライブ映像として、見ることが出来ているのです。

実のところ、ガリレオの地動説が一般的になるまで長い年月がかかりました。大地の安定を旨とするキリスト教の教義と相容れないとして、４００年に亘りローマ・カトリック教皇の反

対を受けてきたのです。

この地動説をローマ・カトリックに対する重大な違反として裁いた誤りを、ローマ法王ヨハネ・パウロ二世は公式に謝罪し、この問題は決着を見ましたが、デジタル化時代の今日、同じような状況が生じています。人類の誕生と死に関して諸説情報が発信され、それぞれがエビデンスありと主張し、科学界、宗教界入り混じる論争となっているのです。交錯する情報の中にあって、人々は何を根拠として信じれば良いのか選択に迷います。

そうであっても、人類の誕生と死についての確かな情報を得ることは「人は何のために生きるのか」と云う人生最大の謎の解明へのアプローチであり、永続的命への希望を与えてくれるものとなるでしょう。

天動説地動説どちらを選択するにしても、目の前の日常的生活に直接変化が生じるわけではないのと同様、人類の誕生と死についてあれこれ考えることの意義に疑問を抱かれる方も多いことでしょう。それは価値観の問題であるに

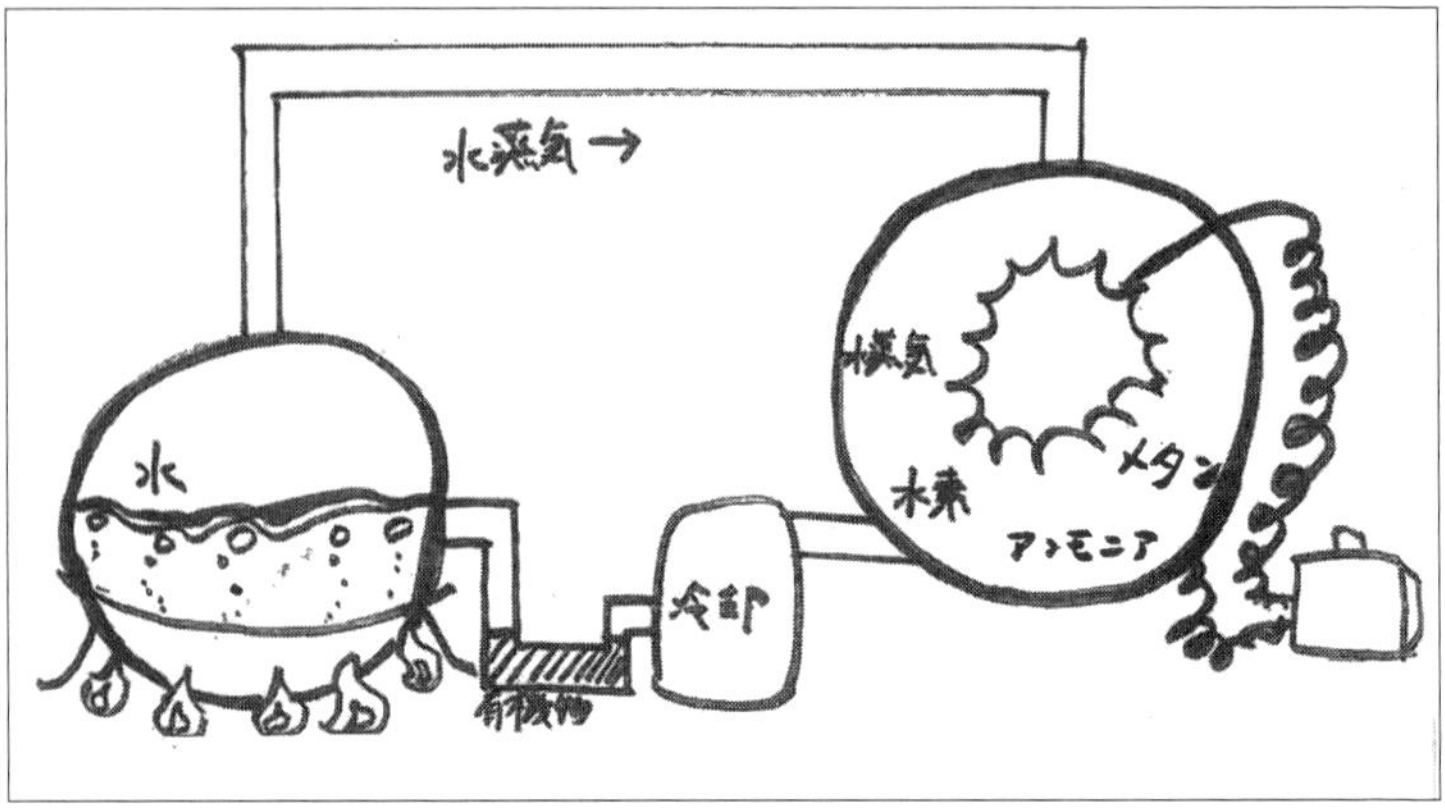

しても、価値観の押しつけは望ましいものではありません。
情報と科学はどのように結び付くのでしょうか。ある情報が多くの人に広く受け入れられるには、その情報が真実であり正しいものであると認識されなければなりません。つまり真実であるかどうかの検証データ、検証の手法共に科学的観客性を充たしていなければなりません。そのような意味で今日のわたしたちは恵まれた時代に生きていると言えるのです。

では、人類はどのようにして存在するようになったのか、なぜ死ぬのか、科学と宗教（聖書）がそれぞれこの問題に対してどのように取り組んできたのか、それがどのように永続する命への希望に繋がるのか考えてゆきたいと思います。

近年、聖書の記述を科学が裏付ける事例が増えており、聖書と科学が対立するものでないことを示しています。そのような点については科学の示すところと聖書の言葉を併記するようにしました。

第1部

人生最大の謎

(1) 生命はどこから？

さて、人類の誕生は偶然の重なりと進化により、すなわち突然変異と適者生存による自然淘汰によって共通の先祖から自然発生したとの説が科学的であるとして、今日の生物学の主流となっています。そのことは何ら意図的な介入なしに行われたとしており、人生の目的など始めからなかったことになります。命をどうでもいいものと粗末に扱いかねません。

偶然の重なりについてはどうでしょうか。元素のいくつかの種類を一つの容器に閉じ込め、刺激を与え続けることにより偶然に結合体である分子が生成され、分子は組み合ってさらに複雑になり高等な生命体へと進化したとの説、すなわち生命は一つかそれ以上の〝原始細胞〟から偶然に生じたという説明には無理があります。

細胞が生き続けるのに必要なＤＮＡ、ＲＮＡ、タンパク質が、無機的な化学物質から偶然に突如として形成される確率はほぼ０に等しいからです。

生物の種類の変化についても同様の事が言えるでしょう。偶然に生じる突然変異と自然淘汰により新しい種が生み出されるという説を裏づける経験的証拠は一つもないのです。

よく知られているダーウィンのくちばしの形と大きさの変化ですが、それは気象の変化に適応できる種があるという程度のことに過ぎず、依然としてフィンチはフィンチのままです。

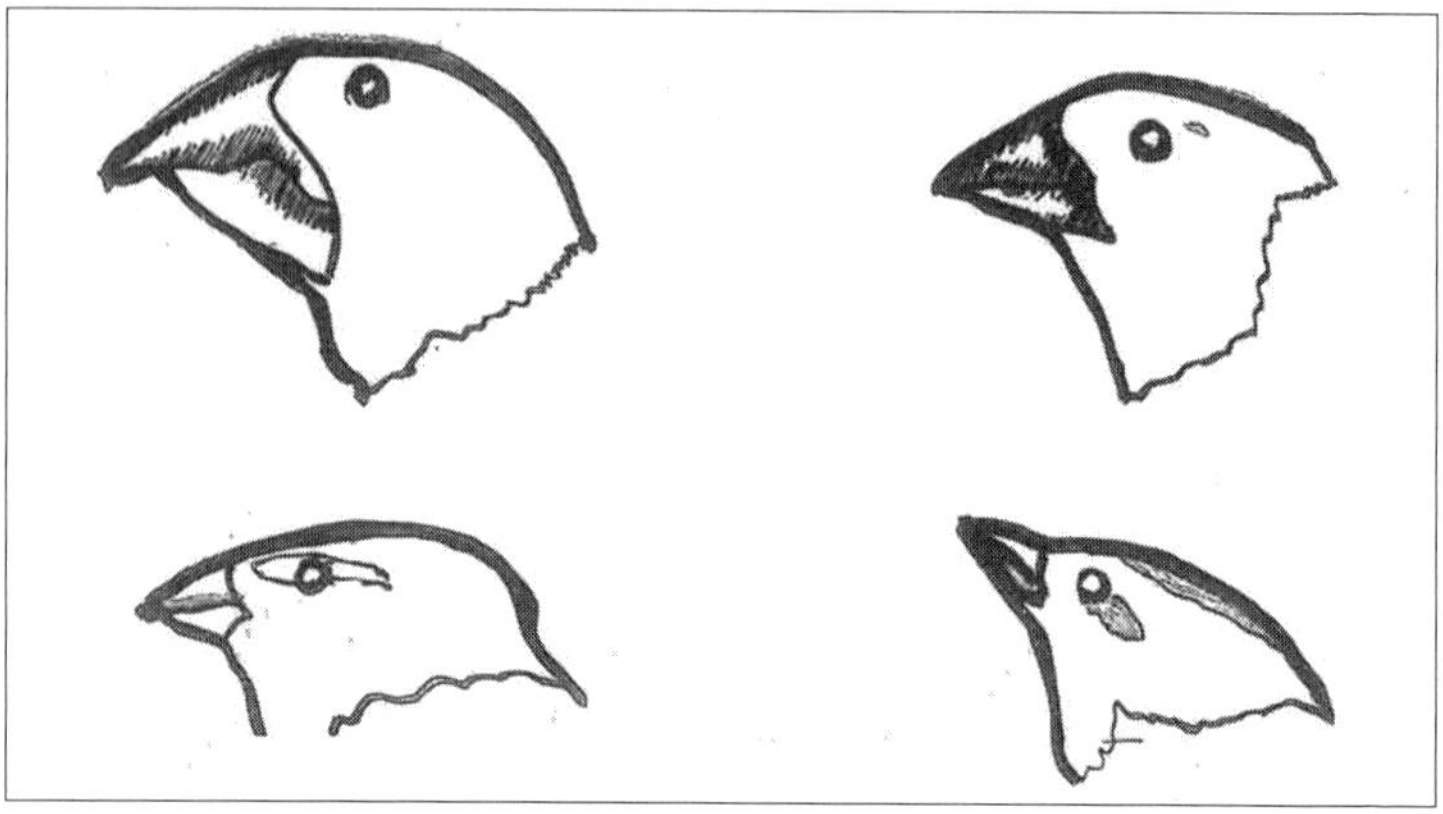

ショウジョウバエの突然変異体も奇形であるとしても、やはりショウジョウバエであることに変わりはありません。植物も突然変異によって変化することはあるとしても、あくまで種の限られた範囲内のことです。

実のところ、ダーウィンの種の変化についての研究は生命の根源についてはは明らかにしていません。

エイリアンは別として、生命は地球環境で生じたものではないと、自然発生に疑問を呈し、地球外生命を探ろうとの動きも活発です。２０２０年に小惑星りゅうぐうから持ち帰ったサンプルから生命の源となるアミノ酸が20種類以上見つかったとの報告は、この研究に励みを与えるものとなっています。

さて、生命の起源についてのもう一つの説明は、命の与え主がおり、その命は意図的に創られたと受け止めている「創造論」です。論拠は聖書にあり、創造者（神）は人を男と女に造り、それに先立ち人を住まわせる地球を造っただけでなく、生きる目的と仕事も与えたというものです。

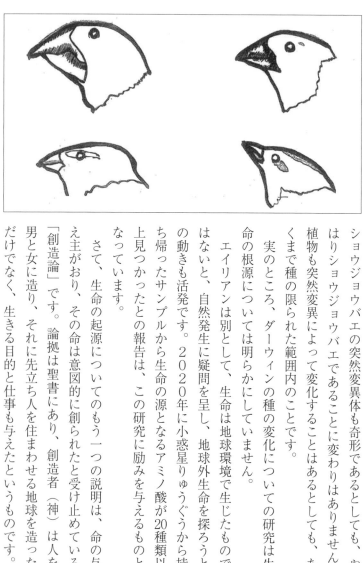

「神は人を男と女に創造された」―創１：27

「天を創造された方、すなわち神
地を形づくり、造り上げ
固く据えられた方
地を空しくは創造せず
人の住む所として
形づくられた方
主はこう言われる。
私は主、ほかにはいない。」
――イザヤ書　45章18節

「神は人を自分のかたちに創造された。
神のかたちにこれを創造し
男と女に創造された。」
――創世記１章27節

＊神を見ることは出来ません。神のかたちとは神

の特質、性格を指します。

「こういうわけで、男は父母を離れて妻と結ばれ、二人は一体となる。」

――創世記２章24節

結婚は神の取り決めたものです。

さらに、創造者の意向に沿って生きる目的、仕事も与えられました。

「神は彼等を祝福して言われた。
産めよ、増えよ、地に満ちて、これを従わせよ。
海の魚、空の鳥、地を這う　あらゆる生き物を治めよ。」

――創世記１章28節

＊これとは地球のことです。

ここで人体の機能的で精緻な造りに目を留めてみましょう。

自身の体の良く造られていることに気付かされる事があるに違いありません。力仕事はもち

ろん、複雑な仕事を成し遂げた時などにそう思うでしょう。フィギュアスケート選手の優雅でしなやかな全身の動きと滑り、体操選手の筋肉の強靭さ、神の手と云われる外科医の施術など、原人と呼ばれる人たちが進化の過程でこれらのものを獲得してきたとはとても思われません。人体に無用な部分は一つもなく、又コンパクトに収められていて、五感のセンサー、脳や神経、筋肉それぞれの働きの調和は見事です。

　人体を構成する最小単位・細胞は、その一つ一つを直接にみることは出来ませんが、調べれば調べるほど、そのデザイン、組成、機能はまさに驚異の連続です。人の体は約60兆（１００兆とも云われる）個の細胞から成っています。その一個一個は元素によって組み立てられ、その精密な仕組み、働きは生産ラインを備えた工場にも匹敵するでしょう。個々の細胞は形も機能も様々ですが、精密なネットワークを形成し、無数のコンピュータを高速データケーブルで結ぶインターネットも比べものにならないほどです。

細胞は人体の諸器官を構成するだけでなく、幾重にもわたる抗細菌ガードを張りめぐらしています。人の体を堅固な城郭に例えてみましょう。

皮膚、粘膜は強固な外堀。

食細胞、好中球、マクロファージなどは遊軍でしょう。

免疫細胞リンパ球、キラーT細胞は最後の砦です。

感染細胞を細胞ごと殺してしまう適応細胞は脊髄動物だけに備わっているようです。発熱・発汗による体温調節機能も、細胞との連繫においてなされる、生命維持に欠かせない備えです。DNA分子は究極の情報・記憶システムです。DNAには遺伝子すなわち各人の体の設計図が含まれており、各細胞に同じ完全な設計図が入っています。ティスプーン一杯のDNAに世界人口の約350倍分が収められてしまうと云われています。

このように、人体各部に見られる見事に調和の取れた機能、調節力、個々の細胞にまで備えられた精緻で機能的な組成、どれ一つを取っても、人体が何ら意図的介入なしに、偶然の重なりにより進化して来たとは思えません。

(2) 進化論と種の壁

実のところ、進化論を支持する科学者たちの間にも異論があり、この説を裏付ける経験的な

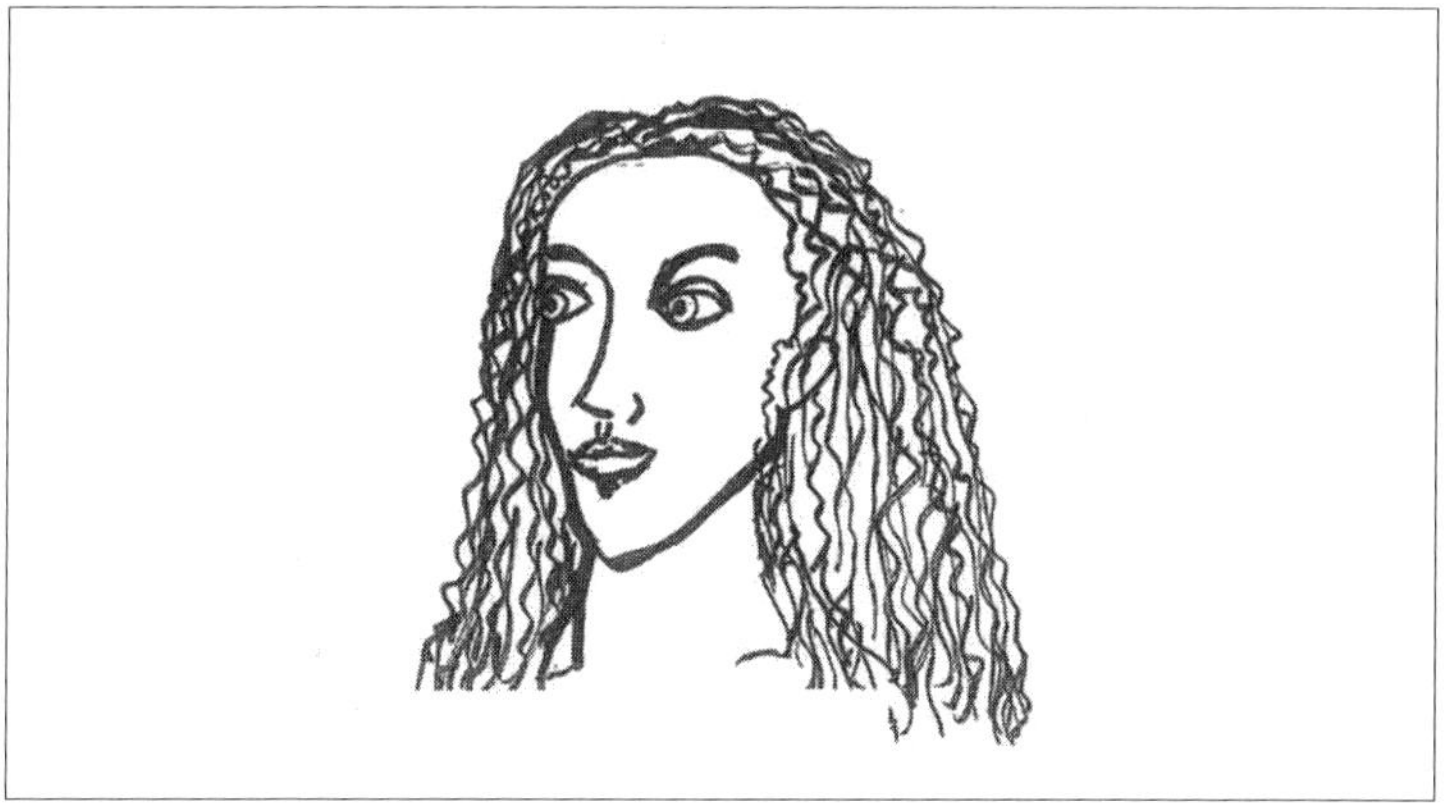

証拠は一つもありません。地球上に存在する既知の動植物およそ１７５万種のうち、〝これは進化中だ〟と云えるものは見つかっていないのです。

人類学者は、進化論に基づき現代人は世界の各地で一定の過程を経て、徐々に進化してきたと唱えてきましたが、その説を覆すショッキングな発表がなされ、全米人類学会は大きく揺れたのです。

人類学者と遺伝子学者の間の論争の火種となったのは、１９８７年全米人類学会での「人類共通の祖先は20万年前にアフリカで生活していた一人の女性」であるという〝イブ仮説〟です（ＮＥＳＷＥＥＫ１９８８・１・28日本語版）。現代人は人種の違いにかかわらず、彼女の遺伝子を受け継いでいるというものです。

現代人のＤＮＡを分析し得られた結果であると遺伝子学者は説明しました。さらにその８年後、日本の国立遺伝学研究所・宝来　聰博士らのＤＮＡ分析の結果では、20万年は14万年と短くなりました。骨とＤＮＡの争いは間もなく

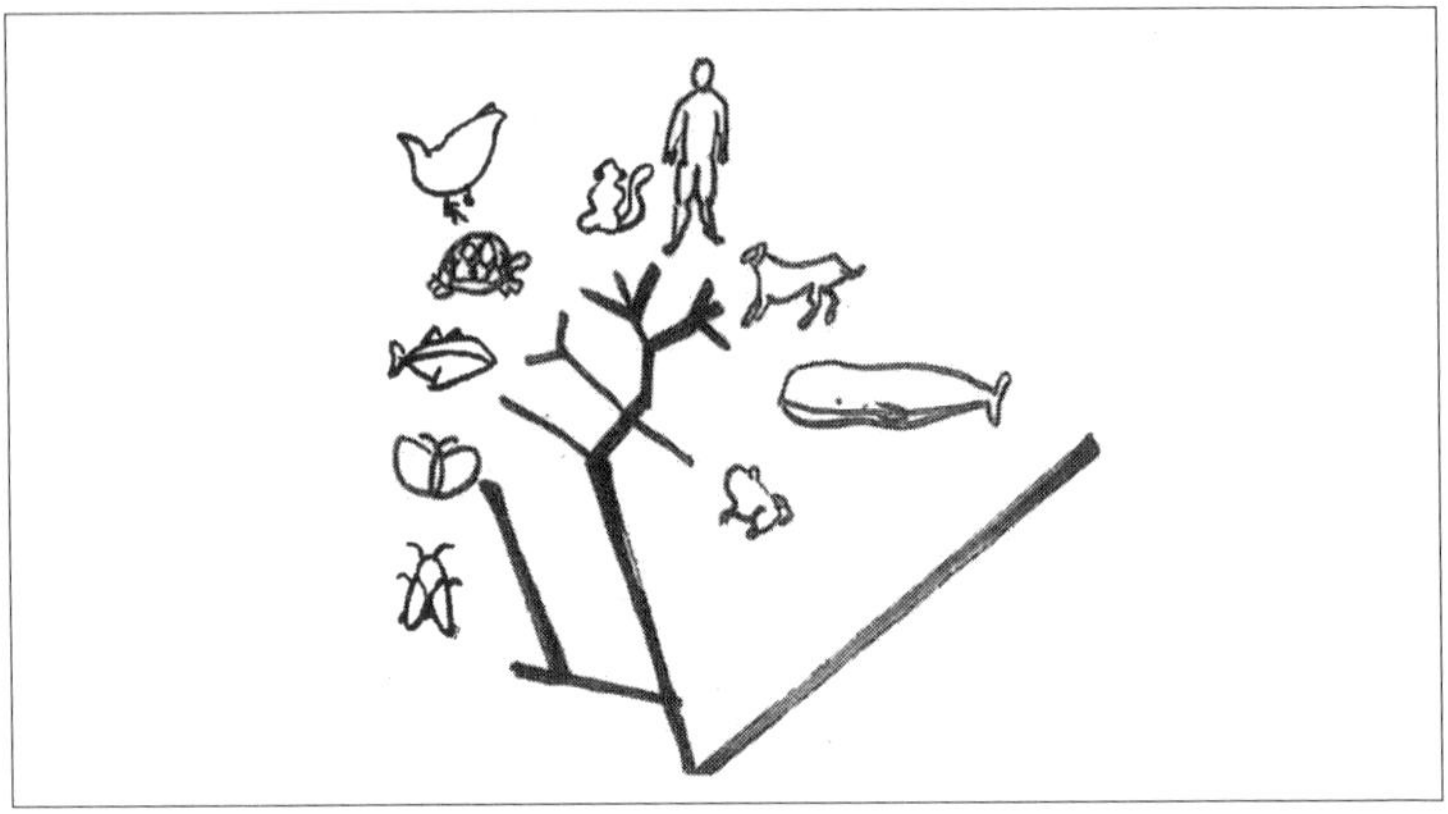

決着を見ることでしょう。
全生物共通の起源を探る科学者の多くは、裏づけとして「化石記録」を挙げています。しかし、ダーウィンの時代の地質学者が実際に見い出したものは、生物の漸進的な登場ではなく、大きなむらのある突発的な発生記録でした。
化石の大多数は生物の形態が長大な年月に亘って変わっていないことを示していて、一つの形態から他の一つの形態への進化を示してはいないのです。これが〝進化中〟のものであると云えるものは一つもないということです。〝もう進化は終わったのだ〟〝進化は繰り返すのである〟人や人以外の生物に関して、いろいろの説が唱えられて来ましたが、未だに一つの種から他のもう一つの種への明確な移行は認められていません。
爬虫類から哺乳類へと繋ぐミッシングリンクの発見は、いつもメディアの大きな注目を集めて来ましたが、その研究の結果、追認、検証についての報告が実のところ進化の「系統樹」には当てはまらなかったという発表は殆ど見ら

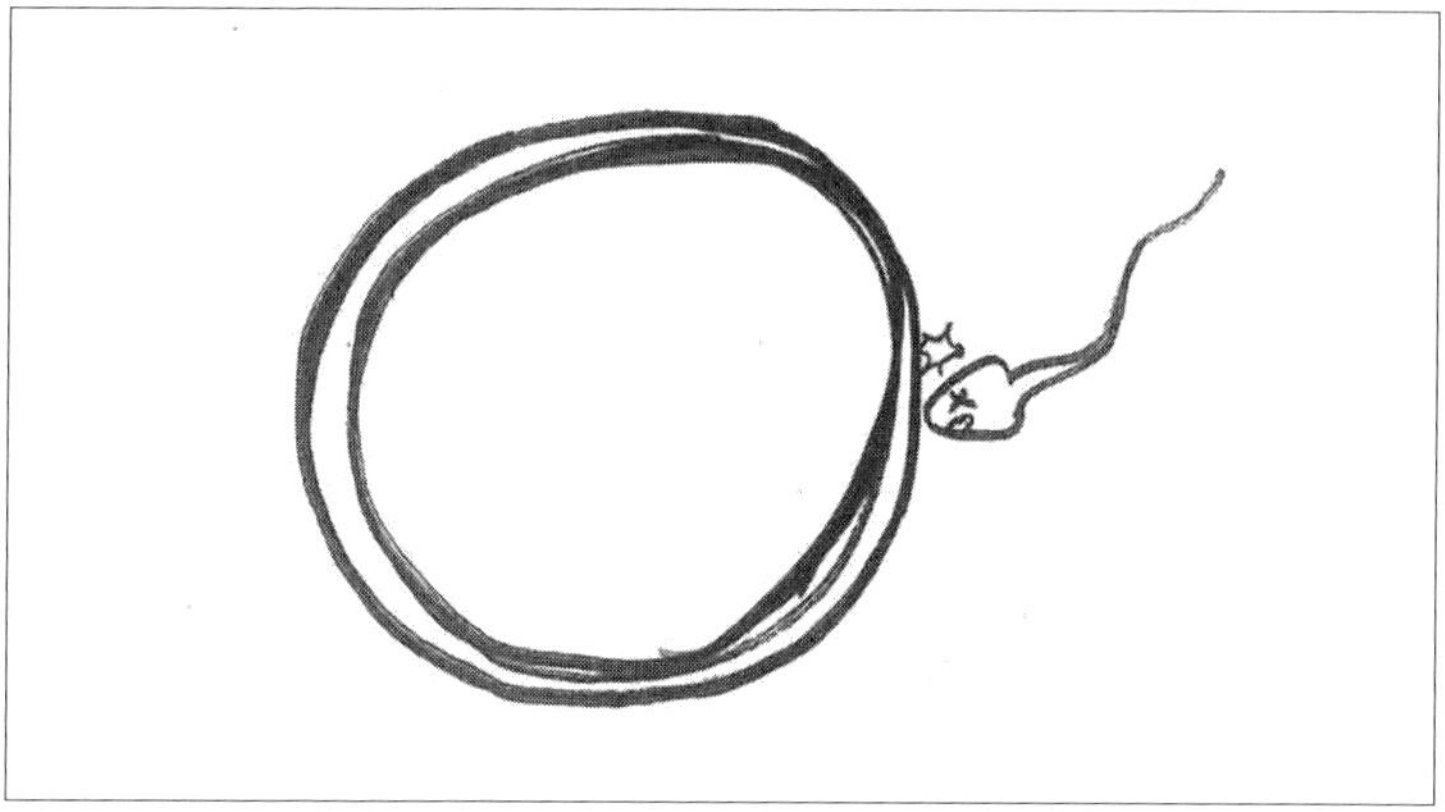

れません。研究者、メディアにとって、研究資金を得ること、ショッキングなスクープで存在感をアピールすべきなどの理由から、絶えず〝発見〟を劇的な仕方で発表しなければならないのかも知れません。

人類の起源を科学的手法により探り、確立しようとの、長年に亘る熱意・真摯な努力は確かに敬服に値するとしても、進化論が確証された理論として全ての人に受け入れられるには無理があるでしょう。

立地、気候などの条件の変化により外見や機能に多少の変化は見られるとしても、それらはあくまでも一つの種の中に止まっており、別の種へと移行する進化ではありません。

人の手で新しい種を造り出せないものか、考える人がいても不思議ではないでしょう。異種間の雌雄をそれぞれ掛け合わせ、異種生物の間に生まれる子を造ろうとの試みです。例えば人の精子と他の動物の卵子との間、あるいは他の動物の精子と人の卵子との間での、受精を試みる実験が密かに行われ、ハイブリッド的胎児が生まれたという報告がなされたことがありますが、生存例はなく、実験に携わった研究者は衝撃的な結果にパニックに陥ったと云われます。倫理上許されないものとして、極秘に葬られたことでしょう。自然（神の定め）に逆らうものとして、モーセの律法では死に処せられる行為とされています。

「人が動物と寝て交わるならば、必ず死ななければならない。
あなたがたはその動物も殺さなければならない。
女が動物に近づいて交わる場合、
その女も動物も殺さなければならない。
両方とも必ず死ななければならない。
血の責任は彼らにある。」
——レビ記20章15、16節

人と人以外の動物との性交によって子供が生まれた例は一つもありません。卵細胞の周囲にはゼリー層が取り巻いていて、糖鎖というＩＤを持っています。
全ての生物でこの糖鎖は異なるのです。人の卵細胞のゼリー層は同じＩＤでの、人の精子の先端部分から出る酵素でしか溶かすことが出来ないため、人の精子以外では人の卵子の中へ入

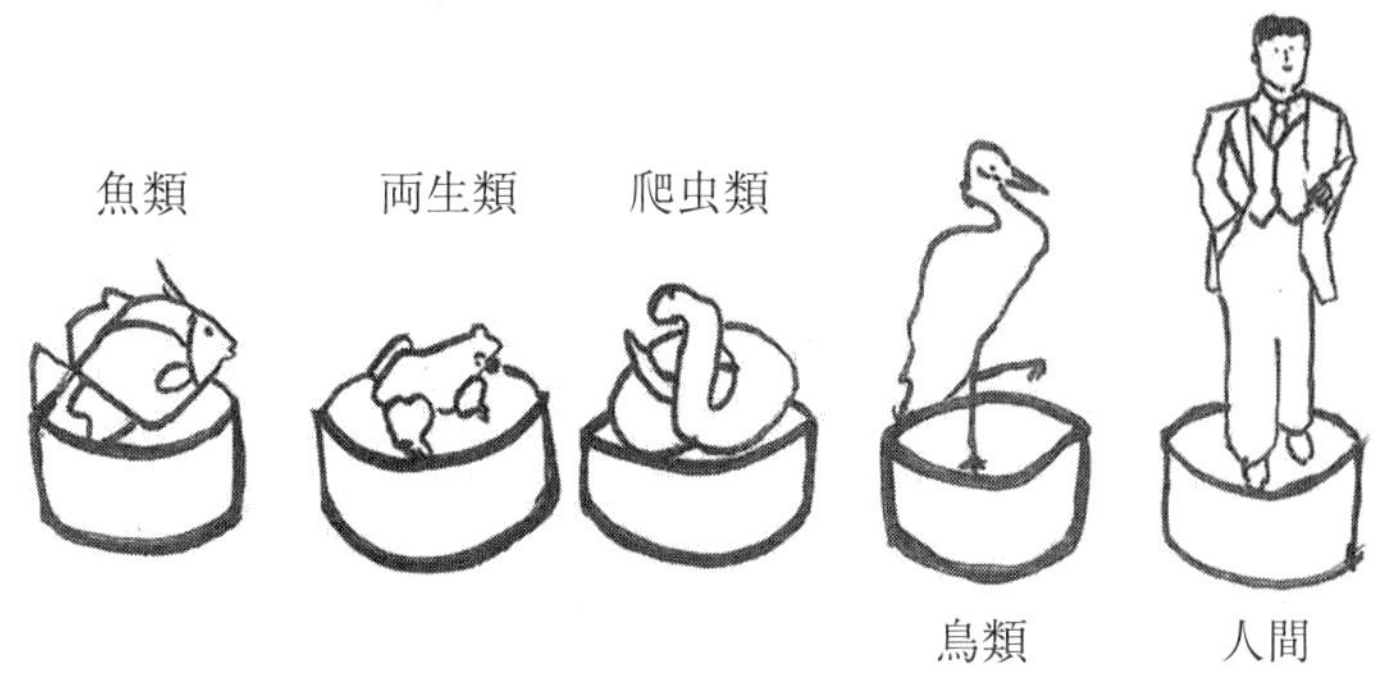

「種類に従って創造された」―創１：11、21、24

れず、人の精子が他の動物の中へは入れません。人と他の動物が性交しても受精せず、他の動物同士の間でも同じです。

このような複雑で巧妙なシステムを、有精生殖動物の全てが進化の過程で獲得してきたとは考えられません。

進化論の述べるところの漸進的に長年月を費やして他種が生じるのであれば世界中に異種生物の間に生まれた子が溢れていることでしょう。映画〝バイオハザード〟の世界です。

遺伝子ＤＮＡに突然変異が起こったとしても、体細胞と生殖細胞は初期の段階で分離するため、その変異が子に伝わることはありません。

交雑（異種交配）によりハイブリッドが誕生することがあります。ラバ、ライガーなどが知られています。しかしそれらは非常に近い近縁種間のものであり、その生存は一世代限り、虚弱体質を示し、生殖能力はなく種の変化に関与することはありません。いわゆる雑種と呼ばれるものは、ほっておけば又元の種へ戻ってしまいます。

生物が種の壁を決して越えることの出来ない理由は、創造者（神）の宣言にあるように、〝種類に従って〟造られているからです。

「神は言われた。地の草木を生えさせよ。
種をつける草と、種のある実を結ぶ果樹を、
それぞれの種類に従って地上に生えさせよ。」

「神は大きな海の怪獣を創造された。
水に群がりうごめくあらゆる生き物をそれぞれの種類に従って、
また翼のあるあらゆる鳥をそれぞれの種類に従って創造された。」

「神は言われた。
地は生き物をそれぞれの種類に従って
家畜、這うもの、地の獣をそれぞれの種類に従って生み出せ。」
そのようになった。

——創世記1章11、21、24節

「人生は短く苦悩に満ちている」―ヨブ14：1、2

(3) 死の現実

ここまで、生命の起源なかんづく人類の誕生について簡単に二つの説を取り上げて来ました。

現代人は偶然の重なりと自然淘汰の過程で生じたとする進化論、当初から完成されたものと見る創造論です。

いずれにしても、命を与えられたことに感謝と歓びを抱きつつ、これを貴重なものと受け止め、大切に扱ってゆかなければなりません。

とは言え、人の命は余りにも短いのが現実です。死に対する不安と恐れのうちに、短い人生はアッと言う間に消え去ってしまいます。

「女から生まれた人間はその人生も短く、苦悩に満ちている。

咲いては枯れる花のように逃げ去る影のようにとど

まることがない。」

――ヨブ記14章1、2節

何故死ななければならないのだろうか。死は必然のものと受け止めながらも、心の奥底で不条理だとの叫びを上げる人もいることでしょう。

「死ぬために生まれてくるのなら、これは無駄なプロセスの繰り返しでどのような意味があるのか。これは本当の姿なのだろうか。何かの間違いではないのか。」訴えつつも答えの得られないまま死んでゆくことでしょう。

人は自分の死について、自然の摂理としながらも、意識の外へ置くものです。理由なく考えたくありません。

死について、その悲観的、絶望的面を強調した文学作品は多くありますが、死と真正面から向き合うのは勇気の要ることです。

平均寿命の延びの故か、自分や身近な人の余命を知った人のための「終活」教科書とも云うべき、生前整理と平穏死を扱った「上手な死に方逝き方」などの出版物が出回っています。

ある人は言うかも知れません。

「地球の年齢46億年に比べ、7、80年の人生は余りにも短く、考えても仕方がない。今幸せならば、それで良いのだ。」

「そのような事を考え始めると、何かしなければと強迫観念に駆られ疲れる。」

でも少し経つうちに現実の生活に追われ、考えることを止めてしまいます。

切実な願い「不老不死」は人類の永きに亘る共通テーマとして、人々の追い求めるところとなっています。秦の始皇帝、エジプトのファラオは余りにも有名です。ＢＣ４世紀、錬金術師たちの調合した命を延ばす霊薬、水銀と砒素により命を落とした中国の皇帝たちを笑うことはできないでしょう。王たちの墓には来世で生きる上での備えが共通に見られます。インカ帝国などでの権力者のミイラは、不死への願望が強烈であることを物語っているのではないでしょうか。

これほどの、生き続けたい、死から逃れたいとの願いを容赦なく打ち砕く、理不尽とも思える冷酷さはどこから来るのでしょうか。

死を宿命として受け入れつつ、限られた命を精一杯有意義に生きようと思うのは、大方の人々の真っ当な生き方でしょう。有意義な生き方はそれぞれ異なり、人生に向き合う姿勢は様々です。


「食べたり飲んだりしよう。明日は死ぬのだから」

——エピクロス派

「今日楽しく過ごせればそれでいい」

——諦観派

「真摯に生き、道を極めることこそ人生の目的だ」

——ストイック派

「そんなことはどうでもよい。考えるだけ無駄だ」

——無関心派

生き方、人生についての発想は人それぞれであって、考えるのは自由です。どれかを選ばなければと云うことではありません。ただ自分の死はまだ先のこと、そのような事は考えたくな

「生きている者は死ぬことを知っている」―コヘ９：５

いし、考えても仕方のないことと、思っていても死は一瞬たりとも立ち止まってはくれません。

現実のこととして、誰にも終わりはやって来ます。寿命はまだ残されているとしても、老化や病気を抱えつつ生きるのは辛いことです。

聖書筆者の一人であるソロモン王はこう述べています。

「生きている者は死ぬことを知っている。」
――コヘレト（招集者）の言葉９章５節

生きている人にとり、死は必然のことであるとしても、それは自分にはもしかして当てはまらないと、心に秘めている人はいるかも知れません。

それでも人に寿命のあるのは厳然とした事実です。この定めを人生最大の不条理として抗いつつ受け入れざるを得ないのが現実です。

心の葛藤は続きます。悟り、法悦の境地は穏やかな心を

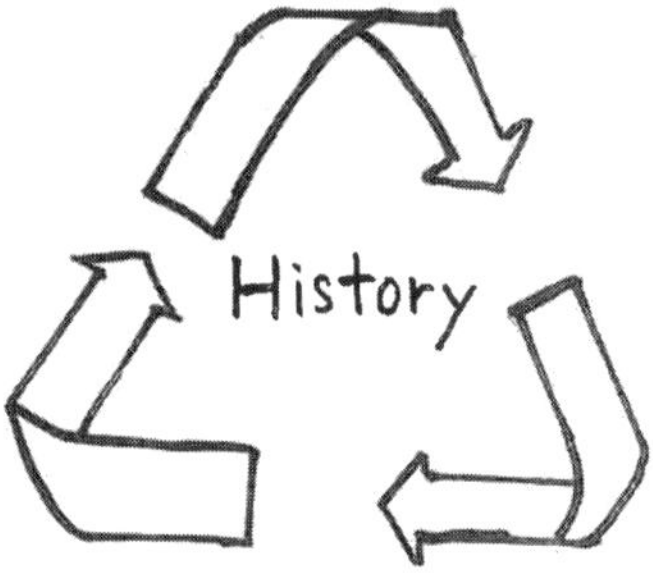

「これこそ新しい、と言われることも
はるか昔、すでにあったことである」―コへ1：10

保つ上で助けになりますが、高僧といえども、心は絶えず揺れ動いているのではないでしょうか。

エンディングノートを備える高齢者は少なくありません。死亡宣言でしょう。終活などと云う好ましくない言葉で一生を締めくくるのは辛いことです。

人生の1／3は幼年期、老年期に費やされます。成熟した大人の人間として、生きる喜びを意識して楽しむ上で、余りにも短い人生としか言いようがありません。妊娠・出産にまつわる心労、介護の問題も重くのしかかります。〝生老病死〟の四重苦の中で短い人生を散らしてしまう人も少なくありません。近年、健康寿命も少しづつ伸びてはいますが、飛躍的向上にはほど遠いのが現実です。

(4) 死を意識する

人は誰でも自分や愛する人の死ぬ事について意識しない、と言うよりその必要の全くない人生社会をちらっと思うことは時々あることでしょう。でもそれは家族にも話せない気恥ずかしい話題に違いありません し、自分は夢想家と苦笑するかも知れません。

でもその人は本当に間違っているのでしょうか。「不老不死」と云う概念は荒唐無稽なもの であると一笑に付すべきでしょうか。

人のイマジネーションの能力ですが、人は無から有を創り出す発想は備えられていません。 過去に存在したものについての記憶、伝聞を掘り起こし、あるいは、今あるものを用いて組み 立てる事柄に限られます。それで新しい考え、大胆な仮説など画期的であるほど従来の概念と 対立し、受け入れ難く思うことになります。

すなわち、不老不死の概念はもともと人には無く、人は年老いて死ぬと云う新たな事態が生 じた故に、不老不死の概念を人が抱くようになった。つまり当初人に老化と死は無かったが、 ある時点で人に入り込んだため、そのような概念が生じ、人は死を意識するようになったとの 考えです。

創造論の立場から云えば、人は終わりのない命を与えられたにもかかわらず死ぬようになっ たと云うことです。

そのような事態の生じた経緯を聖書の創世記の記述から見てみましょう。

人類最初の父親アダムとその妻エバは、二人を造った創造者（神）から、このように命じら れました。

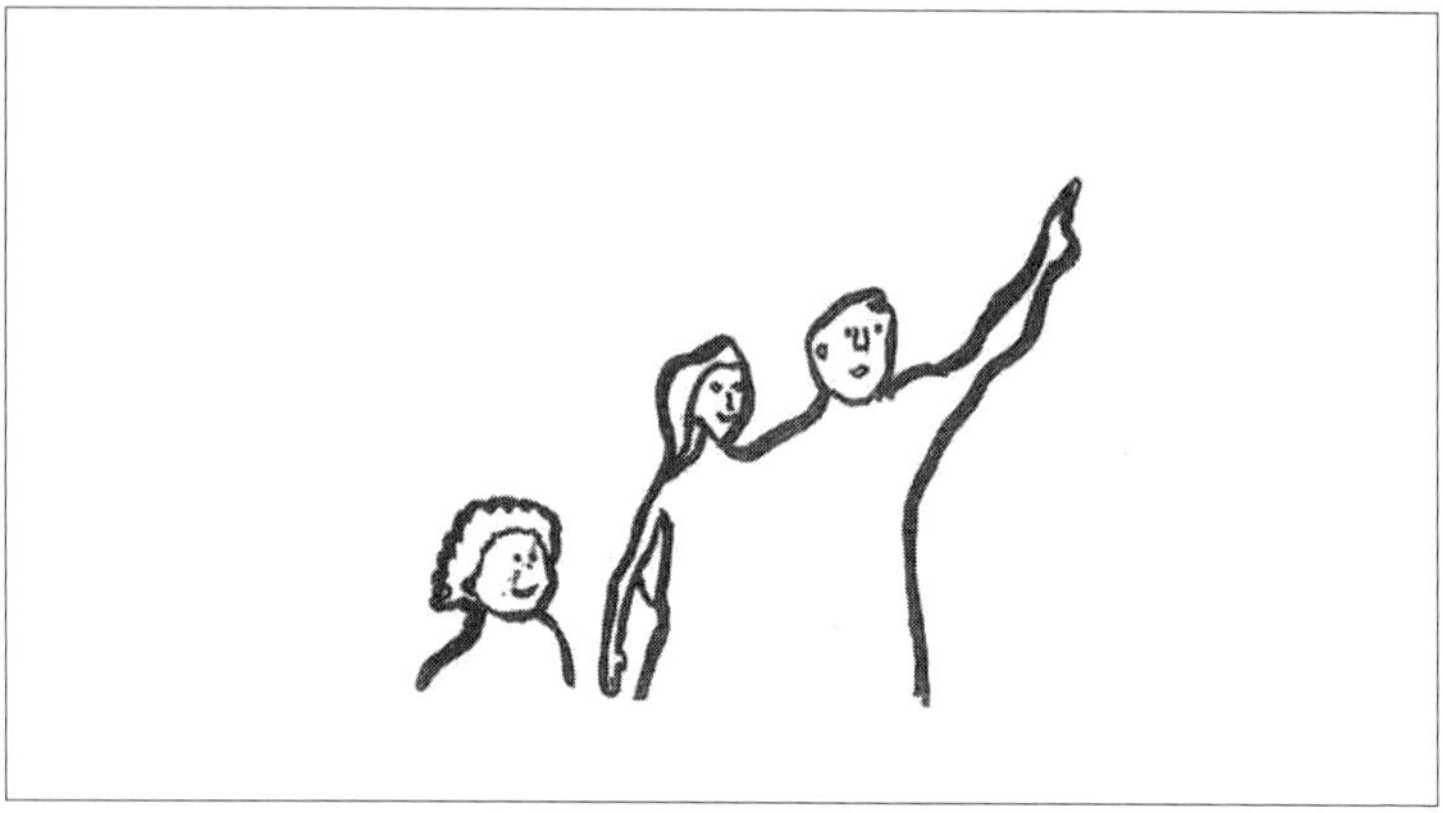

「産めよ、増えよ、地に満ちてこれを従わせよ。」
――創世記1章23節
〝これ〟は地球を指します。

当初二人の置かれた楽園《パラダイス》の地を全地球的規模で拡げると云う仕事は途方もなく壮大で膨大な人手、道具、年月を要するものでした。僅か7、80年の短い生涯の人間が僅かな人数で到底成し終えるような仕事ではありません。

二人もその子孫も、老化や死とは無縁の健康、若さを保ち続け、エネルギーに満ち溢れる体を与えられてしかるべきでした。

さらに、ただがむしゃらに働く仕事人間ではありません。プログラムに従って動くロボットのようではなく、自分の意志で物事を決め行う、そのことによって意欲と喜びを得るよう「自由意志」を与えられたのです。

どのようにしたら、造り主に喜ばれるか、配慮を払いつ

つ、段取りを決め、余暇を楽しみつつ目標を持って人生を定めなくエンジョイするようにとの神の意図からでした。
ではどのようにして人に死が入り込んだのでしょうか。
当然のこととして、自由意志の行使には限界があります。造られた者が造り主に対し、造り主と同等に権利を主張することなどあってはならない事です。
神は二人に、その点についての認識と遵守を求め、このように警告したのです。

「ただ、善悪の知識の木からは取って
食べてはいけない。
取って食べると必ず死ぬことになる。」
——創世記２章17節

二人は警告に従えず、木の実を取って食べ死ぬ事になったのです。
（さらに詳しく第２部で取り上げます）

自由意志の行使に限界の無いのは神のみであり、他の存在する全てのものは神により造られた故、当然のこととして、行使に限界があります。それによって人が自分の身を安全に守り、生き続けるようにとの神の備えなのです。

例えば、自分の飛び降りる権利の行使であると、高所から飛ぶとすれば、大怪我か死を招くことになるでしょう。

それで、与えられた自由意志の行使の限界を超えることのないよう正しく用いなければなりません。

神の導きと保護の手を退け、自由意志を誤用した二人は警告をされた通り老化と死への道を辿り始めました。残念ながら輝かしいスタートを切った人類はスタート直後に挫折を味わうことになりました。

神の温情により二人は子を産むことを許され、子孫は増えてゆき今日に至っていますが、全て二人からの致死遺伝子を受け継いでおり、限られた寿命を宿命として、老化と死を絶えず意識しつつ生きなければならないのです。

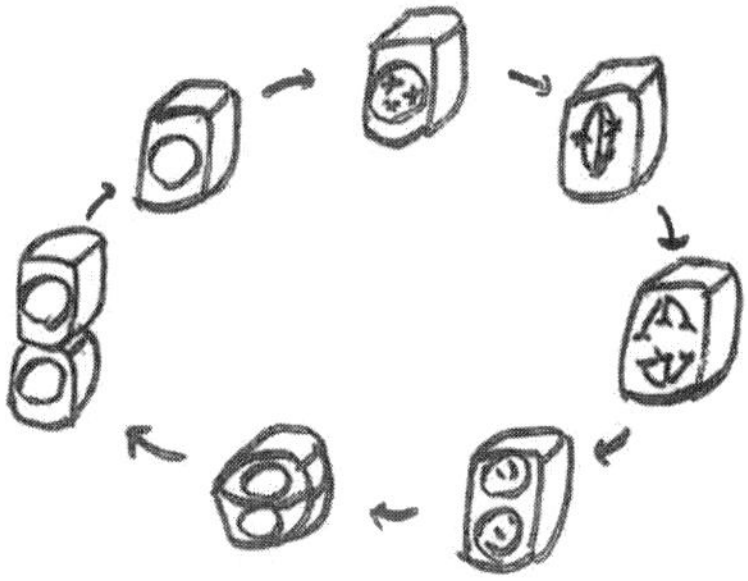

再生系細胞―60 回前後で分裂は止む
非再生系細胞―ある時点でＤＮＡは切断される

(5) 死へのプログラム

さて、人類の誕生について、自然発生的、進化の産物と捉える論に対し、当初から完成されたものとして地上に姿を現したと述べる創造論のあることを調べて来ました。これら両者間の議論は、いわゆる科学と宗教の対立として軋轢を生じさせて来たのですが、近年両者間の溝は埋まりつつあるのです。聖書の記述が科学によって証明され裏づけられる事例が増えているのです。このような情勢を踏まえつつ科学がどのように死と向き合ってきたのか調べてみましょう。

人はどのようにして歳を取るのでしょうか。人体を構成する細胞の老化、衰えにその鍵があるようです。細胞の再生能力の衰えが老化と死に結びつくと云われています。

人の体は約60兆個の細胞で構成されそのうち３０００－４０００個が死滅し、再生された細胞と入れ替わることが

毎日行われています。しかし、細胞は分裂により再生されるとしても、60回前後が限界であると云われています。

生物学の定説によれば、細胞の死に方には、外傷などの外部的要因は別として、遺伝子の中に自死（アポトーシス）のプログラムが予め組み込まれていると云います。

細胞の分裂を阻止する、いわば生命の存続に関して負に働く因子の存在は、生き続けたいとの願望を反映して、進化の過程の中に排除されていってしかるべきとの願いを裏切るものでしょう。

近年クローズアップされてきたテロメア遺伝子（DNA末端）は、分裂を繰り返す度に縮んでゆき、それが無くなった時アポトーシスに至るというものです。

心筋や神経細胞のような非再生系細胞にも別の死の仕組みが備わっていて、アポトーシスの場合よりもDNAが大きく切断されると云います。非再生系の細胞の死は、再生系細胞のような代わりとなる細胞はないため、個体の死に直結します。

非再生系細胞が際限なく生き続けるとしても、再生系細胞に限界がある限り個体死は免れないことから、非再生系細胞にも自死のプログラムを組み込むという、いわば余分な仕組みがあるのは何故でしょうか。そこには死を確実なものとし、個体を完全に消し去る意図が働いているように思えます。

その一方で、生命を誕生させる仕組みは損なわれていません。生命を誕生させては確実に死に至らせる不条理をどのように説明したらよいのでしょうか。確実に死へ導くプログラムを組み込まれた遺伝子上の制約を進化により、科学によって、人間自身の手で排除し得るものでしょうか。

人を誕生させては確実に死に至らせる、波打ち際に砂山を築くような無駄と思える仕組みについて、創造の見方からはこのように云えるでしょう。

人を創った神は、

(1)人という種の絶滅を望んではいない。

(2)人が絶えず死を意識し、死すべき理由を探り、神との関係の損なわれていることを悟り、和解の道をえらぶよう促している。

⑹ 老化を遅らせる努力

人はどれほど生きられるのでしょうか。長寿者は確かに増えています。日本国内の最高齢は２０２０年１月、百十七歳の女性で世界最高齢ともなっています。同じ日本人男性で世界最高齢と認定されていた方は、２０１９年１月、百十三歳で亡くなりました。百二十歳を超えた長寿者の公式記録として、フランスのジャンヌ・カルマン氏は百二十二歳で没となっています。２０１９年の日本人の平均寿命（０歳の人の平均余命）は女性八十七、四五歳、男性八十一、四一歳で、それぞれ世界２位、３位となっています。

前記⑸で述べたように心筋や神経細胞のように、分裂しない非再生系の細胞にも寿命があることから、どれほど体が丈夫で健康に気遣ってはいても、百二十歳以上生きるのは難しいとされてきました。

しかし、最近の老化研究で、その限界は少し引き下げら

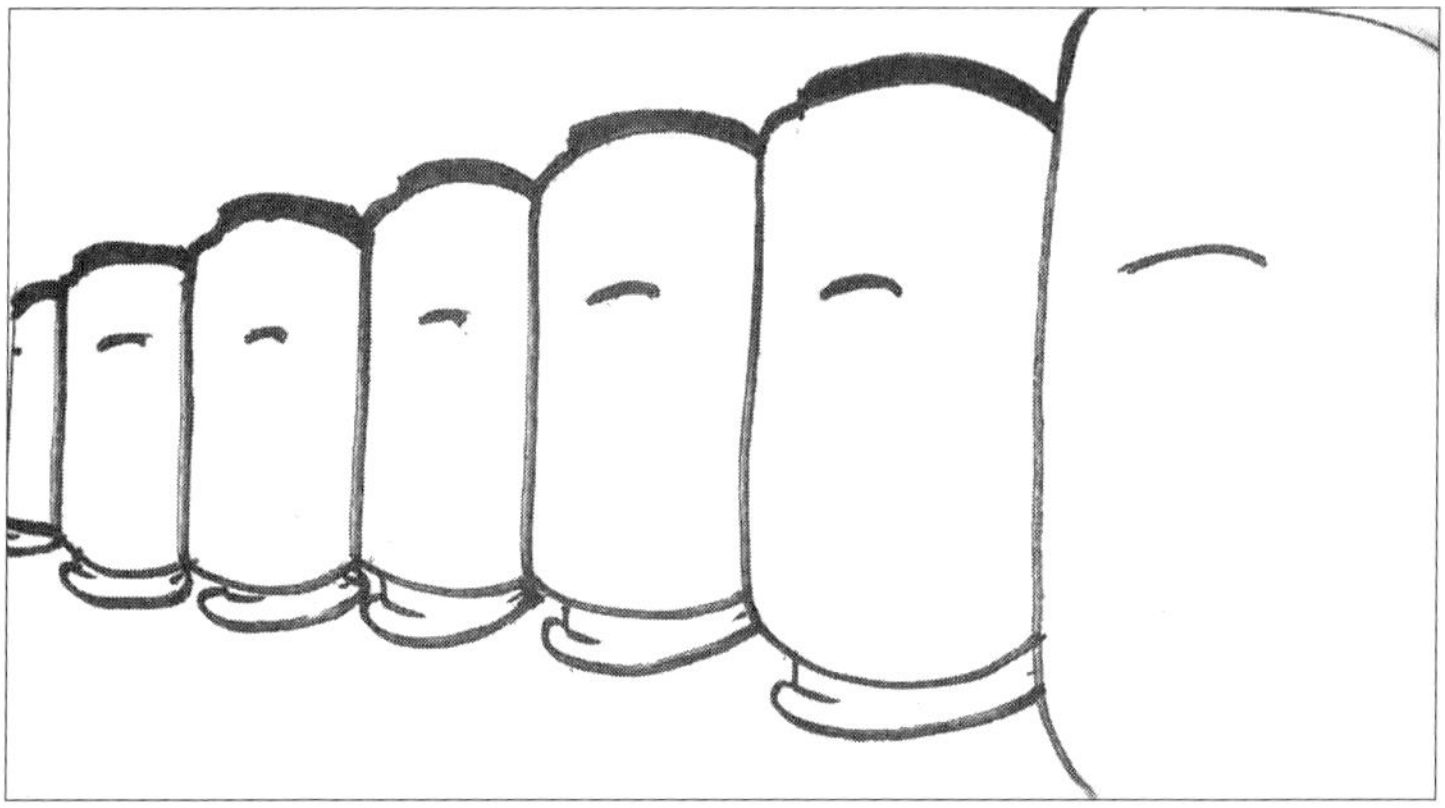

れ、１１５年がおおむね妥当とされています。〝人生百年〟時代と云われるようになったとはいえ、現在の平均寿命と比べてなお20年の開きがあります。

年を重ねてきますと、気になってくるのは身心の良好な健康状態を保つ上での、生活習慣の維持管理でしょう。食事や運動が適切であるかどうかは遺伝要因以上に大きいと云われます。

例えばアカゲザルの食事量と老化関連死との関係を、40年以上に亘って追跡調査した結果、満腹になるまで食べるグループに比べ、７割にとどめたグループは心臓病やガンの発生率が半分にとどまったということです。

〝アンチエイジング〟の手法として、食事や運動の量、質に関して多く提唱され、それなりの効果は見られるようです。

老化の速度には大きな個人差があり、体内の老化はすでに青年期から始まっています。そのスピードを決める要員の約20％が遺伝、約80％が環境によるとの研究もあります。

高所得者ほど健康維持への投資額は大きく、寿命の恩恵を受ける人は低所得層の人より多い、いわゆる〝寿命格差〟の問題も生じています。

未来の世界。人間は途方もない変化を遂げていて不老不死を謳歌している。そこへ辿りつくため、鮮度の良い死体の冷凍保存、あるいは生きたまま冬眠させ管理するなど、本気で考えられているようです。SFの格好のテーマですが、莫大なお金の掛かることは間違いないでしょう。

iPS細胞で臓器の損傷を修復しようとの試みはある程度の実用化のメドは立っていますが、損傷部位の補修にとどまり、完全な臓器全体を造り上げるには至っていません。細胞の死がある限り臓器に寿命があり、臓器を交換し続ける人生に本当に喜びと云うものがあるのでしょうか。

心臓の移植には一千万円を超える高額の費用が必要と云われます。仮にある人が移植によって数年、数十年生き延びるとしても、その人が明確な人生の目的などなしに、只なんとなく生きるだけとしたら、余り意義のあることと言えないでしょう。

細胞の初期化（リプログラミング）という手法によって老化を阻止しようとの試みがあります。古くなって複製の出来なくなった細胞は免疫細胞に誤った信号を送り、炎症や慢性的な痛みを引き起こすことがあります。フランスの研究チームは、年配者の細胞を初期化し細胞の老化を逆転させることは可能と述べています。

スタンフォード大の研究グループは、人間の老化現象は一様に進むのではなく、段階を経て

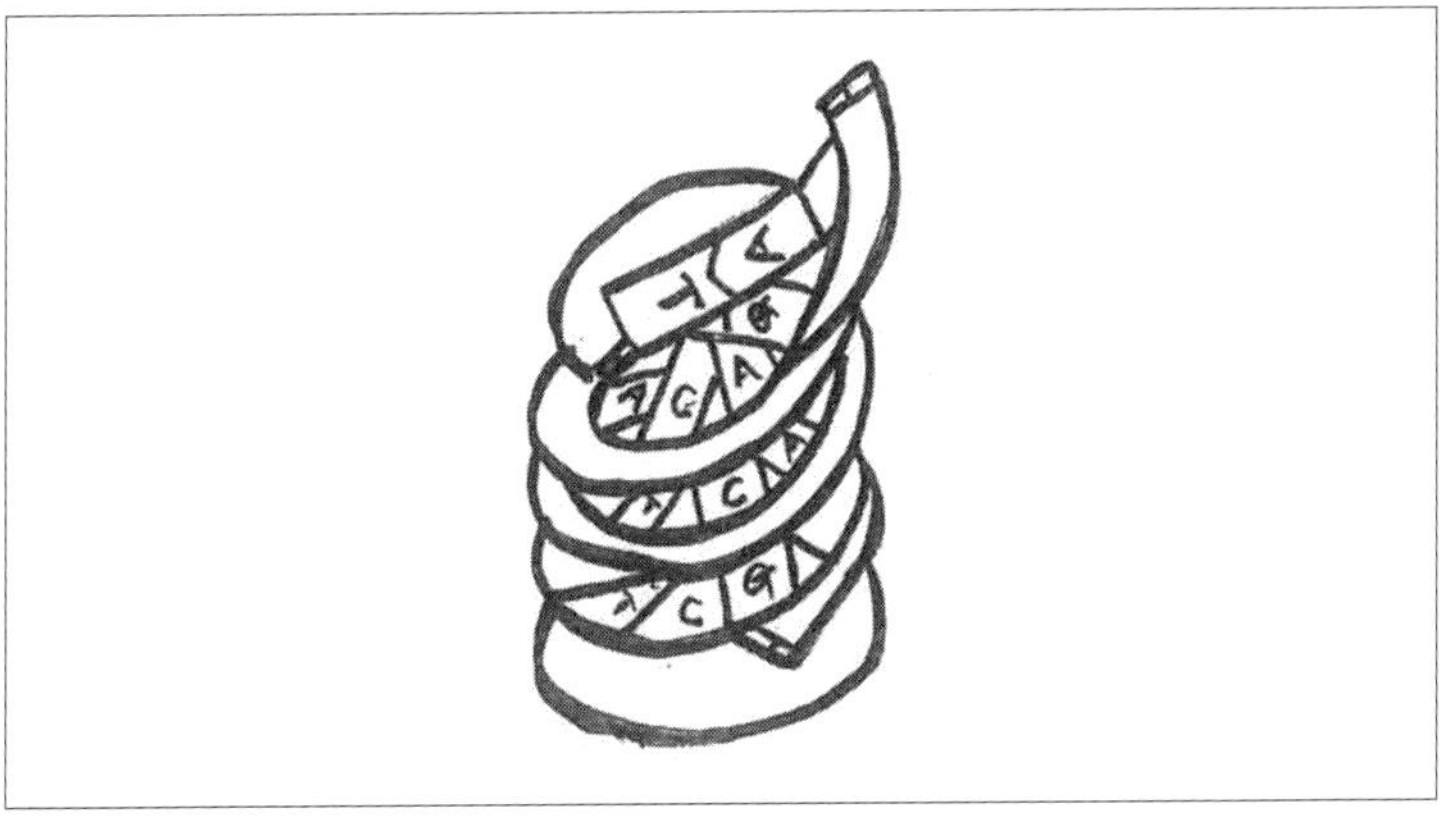

加速するという3段階説を唱えています。34、60、78歳の頃がその転換期になるとのことです。血液中のタンパク質の変化の違いがこれらの年齢に大きく現れるとの実験結果です。

ＤＮＡ遺伝子情報の分析、解明が進むにつれて、それが老化阻止・若返りに役立つのではとの研究が見られるようになりました。

例えば、アフリカに生息するハダカデバネズミの持つＡＲＦ（ガン制御）遺伝子の細胞の老化・腫瘍化を抑制する力に注目が集まっています。

一般的なマウスの寿命５、６年に比べ30年生きるとのことです。

人や他の生物は老年期に達すると死亡率が急激に上昇、ガンの発生や心臓・脳のダメージは大きくなりますが、ハダカデバネズミは一生の間加齢による死亡率の上昇は見られず平坦なグラフを画きます。細胞や臓器の老化が抑えられているようです。

エネルギー源として、人や他の生物は果糖をブドー糖に変える必要がありますが、ハダカデバネズミは果糖を直接に用いる能力も備わっているようです。

さらに低酸素状態に強いことも確かめられていて、持つ遺伝子の分析・解明が期待されます。細胞分裂の際、遺伝情報の書き込まれたＤＮＡは同じ情報を持つ複製（コピー）を作りますが、その過程でわずかな傷が付きます。紫外線や放射線、化学物質にさらされることによっても傷みます。

ハダカデバネズミはガンになりにくい。発ガン物質にさらす実験でガンは出来ずｉＰＳ細胞を作り調べたところ、ＡＲＦ（ガン制御）遺伝子が働いていましたが、増殖に関わる一部の遺伝子は壊れていたと云います。それでＡＲＦ遺伝子の働きが弱められると細胞の増殖も抑えられ、ガンの発生を防ぐモードになることがわかったと云います。

この仕組みを詳しく調べ、人間の遺伝子の働きを調節してガンの発生を防ぐ研究が期待されます。

「ｓｉｒ２（サーチュイン２）」遺伝子は細胞分裂の際、ＤＮＡに傷が残らないよう、複製を調整する機能を持ちますが、ｓｉｒ２がうまく働かない酵母を使って寿命を調べると、ＤＮＡの一部がもろくなって、通常の酵母の１／２に短縮する一方、ｓｉｒ２の数を増やした酵母は寿命が延びたと云います。人に同じ仲間の７種類の遺伝子が見つかっています。現在複数の遺伝子が見つかっており、寿命に影響を与えているとの説が有力で、その数は約３００種と云わ

れています。

２０２０年話題の本、デビッド・Ａ・シンクレア著『ライフスパン―老いなき世界』は老化は病気の一種であり、治癒できると云います。遺伝情報をコピーするＤＮＡはデジタル情報であり、正しく迅速に伝達するとしても、体内にはもう一種類のエピゲノム（エピジェネティクス＝後成遺伝子）があり、この遺伝子はアナログのため、細胞のアイデンティティの決定に遅れやミスが生じる―エピゲノムからのスイッチが入らない状態―によって病気や老化が引き起こされると説明しています。

ＤＮＡ遺伝情報から老化のメカニズムを解明しようとの、このような研究は急速に拡大しています。〝遺伝子生物学〟は生物学のあらゆる分野に係るものとして、今脚光を浴びつつあると云えるでしょう。

そのような機運の高まりの中で登場してきたのが、〝トレジャー（宝物）ＤＮＡ〟と呼ばれる遺伝情報です。

遺伝情報の書き込まれた遺伝子はＤＮＡの一部（２％）

で、残りの大部分（98％）はゴミ（ジャンク）として捨てられていました。けれどもこの捨てられていた未知領域の中に宝物があったと云うのです。もったいないことしていたと、長寿遺伝子ばかりに注目していた反省もあるのでしょう。

１００歳を越える長寿者の中に、喫煙、過度の飲酒、食生活の乱れなど不摂生な生活を続けている人がいます。長寿遺伝子を持っているとしても、不摂生によってその働きは損なわれてしまうと思われます。しかし長寿を保つのです。

残りの98％のＤＮＡの中にその人を病気から守る遺伝子があり、長寿遺伝子の働きを阻害する因子を抑制する、健康に直結するトレジャーＤＮＡなのです。

コーヒーを毎日のように、何杯も飲む人もいます。コーヒーには健康に良いとされる抗酸化物質ポリフェノールが含まれる一方、中枢神経系に害を与えるカフェインの大量の摂取による中毒の心配があります。分解の遅い人は害を受け心臓に負担がかかります。それでもカフェインを素早く分解するトレジャーＤＮＡを多く持つ人は46％いると云われています。その人たちは安心して何杯も飲めるでしょう。

日本画の大家、横山大観は、酒を日に２升飲むとも云われていましたが、アルコール中毒にならず大病もせず、90歳近く生きました。トレジャーＤＮＡが働いていた可能性大です。

海の遊牧民バジャウの潜水能力は驚異的です。70ｍの深さまで潜り、10分以上呼吸を止めていられるのです。彼らの98％のＤＮＡの中に脾臓の酸素を送り出す能力を１・５倍に高める因子が存在するとのことです。

人のＤＮＡは受精により父のＤＮＡ、母のＤＮＡを受け継ぎますが、突然変異によって、70個の両親にないＤＮＡを生じると云われます。自分では気付かないトレジャーＤＮＡを持って生まれる可能性があるのです。難病の遺伝子を受け継いではいても、その発症を防ぐ遺伝子（ヒーローＤＮＡと呼ばれる）を持つ人がいるのです。トレジャー＝宝物と呼ばれるにふさわしいＤＮＡでしょう。

さらに２％の遺伝子の中に将来に関わる「運命のスイッチ」とも呼ぶべきものの存在が確かめられています。２万個ある遺伝子の一つ一つに、遺伝子の働きを根本的に変えてしまう仕組みが備えられていると云うのです。

エピジェネティクス（後成遺伝学）と呼ばれるもので、体質、能力、記憶力、老化またガン、糖尿病などの病気、その他多くの項目でその働きを促進したり抑制したりとスイッチのように

切り換わる遺伝子です。

例えばガンを抑える遺伝子を持っているにもかかわらずガンの増殖を許して発病してしまう場合、このスイッチがオフに働いてしまっていることがあります。〝DNAメチル化酵素〟とよばれるものが加担しているらしいことがわかっています。それでこの酵素の働きを弱めようとの薬が開発中です。

逆に、スイッチをオンからオフに切換える方が良いケースもあり、そのための薬も研究されています。

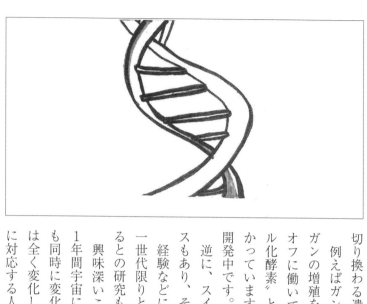

経験などにより獲得した遺伝情報（スイッチの状態）は一世代限りと考えられて来ましたが、次世代へ引き継がれるとの研究もなされています。

興味深いことに、双児（一卵性）の宇宙飛行士のうち、1年間宇宙に滞在した弟の方のスイッチが9000個以上も同時に変化したのに比べ、地上に居た兄の方のスイッチは全く変化しなかったのです。環境などの生息条件の変化に対応する人体の適応性を如実に示す、奇跡とも言える備えがＤＮＡの中に収められているのです。

全遺伝情報の解析（ゲノム）は急速に進んでいます。人の遺伝性疾患に関わる部分は５％に過ぎないとはいえ、無視することは出来ません。病気を発症するリスクは、生活習慣・環境などほかにもありますが、自身のＤＮＡ解析の結果は大いに気になるところでしょう。

老化を遅らせ寿命の定めを際限なく延ばそうと、日夜真摯に励む細胞学、遺伝子学、疫学、薬学などの各分野で働く研究者、医師たちの努力には尊いものがあります。

少しづつですが、平均寿命は延びています。しかし伸びの要員は栄養、医療などの生活環境の改善で、それによって平均が押し上げられているに過ぎません。

仮に縄文人を、生存条件の当時よりも整った、今日の文明社会の中で生活してもらうとすればわたしたちと変わらない寿命を示すでしょう。

紀元前５世紀当時の人々の寿命は、聖書の中で預言者モーセが述べているように、今日と変わっていないのです。

「わたしたちのよわいは七十年　健やかであっても八十年。
誇れるものは労苦と災い。
またたく間に　時は過ぎ去り、わたしたちは飛び去る。」
——詩編90編10節

「わたしたちのよわいは七十年、健やかであっても八十年」
―詩 90：10

進化論によるとしても、人の生き続けたいとの願望が進化の過程の内に反映されてゆき、寿命の定めに負に働く因子は、適者生存を旨とする自然淘汰に従って排除されていってしかるべきであるとしても、その検証には気が遠くなるような年月が必要でしょう。

老いを自覚しつつ生きる辛さは、本当のところ自分が老いてみなければ分からないでしょう。若い頃は考えるよりも先に体が動いてしまう事が多々ありましたが、今はさんざん迷った挙げ句やっと動き始めるありさまです。

自らの老いを客観的に描写している山田風太郎氏のブラックユーモアエッセイ『あと千回の晩飯』は出色です。

高齢で元気に生活を楽しんでいる男性たち（80～100歳）の話を幾つか紹介しましょう。

「他の人との関係で」

○相手を思いやって行動する。疎外感を抱かせないよう、

相手のありのままを受け入れる。
○お互いの弱さを認め、支え補い合う。
○感謝の言葉によって相手を喜ばせ、自分も喜びを感じる。

「個人として」
○規律ある生活を送る。
○外出、会話をためらわない。
○探究心を失わないよう、目標を持ち、勉強し、考える。
○希望を失わない。
○ボランティア活動を行う。

このようにして、高い幸福感を得ていると云います。

では、今この時代を生きるわたしたちの前途に、命についてのある希望が差し伸べられていることについて取り上げましょう。

第2部　死からの救出

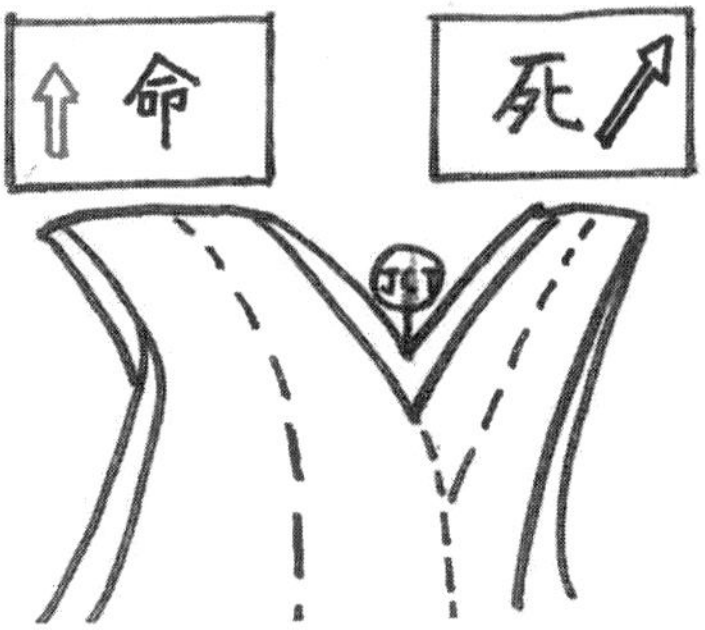

「あなたの前に命と幸い、死と災いを置く」―申 30：15

(1) 定めのない命

ここまで、人類の誕生に進化か創造か異なった論議のある一方、老化と死については両者共に、必然的とも言うべき死に至らせるプログラムの存在を認めている事について考えて来ました。

成り行きとして、人は絶えず死を意識しつつ生きることになりましたが、云わば死の奴隷状態に置かれたままの人類に救出の希望はないのでしょうか。いつまでも生と死の繰り返しを続けてゆくのでしょうか。

答えを得たいと望む人の前に、一筋の光りが差し込んでいます。その光明とは

「人は創造者によって造られ、
創造者の意向に沿ってのみ生き続ける。」

という聖書のアドバイスです。

「神は永遠を人の心に与えた」—コヘ3：11

創造者の意向は、人類発祥の地となったエデンにおいて、アダムと呼ばれる最初の人間男性と同じくエバ（イブ）と呼ばれる女性に与えられ、二人の子孫である全人類に及んでいるとの説明です。

創造者の意向に沿えなかった二人は警告通り死に、全人類は死を刻印される事になりました。

幾つかの質問が生じることでしょう。

人に中途から寿命の定めが入り込んだと云うのは本当だろうか。

取り除くことは出来ないものか。

そもそも聖書は真実なものとして信頼できるのだろうか。

当初、人は定めのない命として造られた事を聖書の言葉は裏付けています。

「神は・・・・永遠を人の心に与えた」

——コヘレトの言葉3章11節

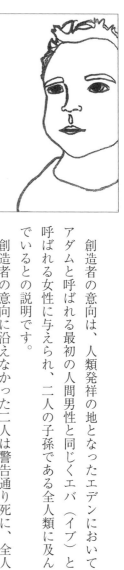

永遠の概念は人だけにあるものです。人以外の動物は本能（条件反射）に従って瞬間を生きます。食物の備蓄、冬眠などはあくまでも本能の働きによるものです。

さらに創造者は人が人である最大の理由となる［自由意志］─物事を選択、決定し行使する権利を与えています。自由意志は人が生きる上での意欲、喜び、楽しみをもたらすものです。

併せて、その誤用によって自身に害を招くことのないよう、行使の限界を示し、自制の心を与えているのです。この事は今日においても変わっていません。

残念な事に、二人は神の警告に逆らい、限界を超えた権利を主張、警告の通り死に至ることとなったのです。

（この経緯については⑶で更に詳しく取り上げます）

このようにして、二人に、その子孫である全人類に寿命の定めが入り込んだのです。

⑵　自由意志の賜物

自由意志は創造者（神）からの貴重な賜物です。神は人を造るに際し、人に「心」を植え付けました。心の働きは極めて複雑で謎が多く、心を持つロボットなど造ることは出来ません。

心は、愛情、感情、欲望、動機を司る座です。これらは自由意志と関わっており、同時に自

制のコントローラーとしての役割を備わっているのです。

自らの意志によって物事を選択し、決定し行うことで得られる充足感、喜び、自らの努力、工夫により目標を達成した時心の中に沸き上がる満足感、これらは人間として生きる喜びを倍加させてくれるでしょう。上手くゆかない際の落胆、そして気分転換も又心の働きです。

学習機能を持ち、自らコンピュータのプログラムを書き換えるＡＩ（人工知能）ロボットと人間の脳を比べてみるのは興味深いものがあります。

ＡＩの膨大な量のデータを集め、分類比較、取捨選択する、その処理量の大きいことは人間の比ではありません。すでに威力を発揮している分野は増えつつあります。会計、金融、生産流通、医療、広域犯罪、指紋照合、道路交通など様々です。ロボット技術の進化と相まって、スポーツ、芸術、エンターテインメントなどの分野にまで進出しています。

ＡＩのデータ処理能力は人間社会にとって、極めて有用とはいえ、負の側面も考えなければならないでしょう。あらゆるものの価値を数値で示そうとするデジタル社会においては、ＡＩは社会的弱者にとって苛酷な存在となるかも知れず、あらゆる個人情報が集められて、厳しい管理統制下に置かれてしまうかも知れません。

ＳＦ映画の中では、自身の防御プログラムを進化させたＡＩコンピュータが人間の制御を拒み、システムを攻撃目的へと換えて行き、人間をその標的としてしまう恐怖が描かれています。

しかし、ＡＩがどれほど進化しようとも、その働きはあくまでも機械的プロセスに過ぎず、心とは別物です。人間だけが創造者によって植え付けられた心を持ち、その心により自由意志を働かせ行動するのです。

残念ながら、完全さを失った人類は心を創造者の意志に沿って用いる事が極めて難しくなっています。

聖書の述べる通りです。

「心は何にも増して偽り、治ることもない。
誰がこれを知りえようか。」
――エレミヤ書17章９節

それでも、自分の思いを正しい方向へ向け、心をコントロールしつつ、自由意志を働かせる

「心は偽る」―エレ17：9

努力を創造者は高く評価してくれるでしょう。

「守るべきものすべてにも増して
あなたの心を保て。
命はそこから来る。」
――格言4章23節

AIにはない心の発信源は脳にあります。

人の脳がどれほど優れて造られているか、考えてみましょう。そのキャパシティに注目してみますと、一人の人の生涯中に活用される分よりずっと大きな潜在能力が備わっていると云います（ブリタニカ百科事典）。

アイザック・アシモフ（米、生化学者）は、「人間が普通に学習し記憶する事柄をどれほどでも、さらにはその十億倍の情報も完全に整理収録する仕組みになっている。」と書いています。

カール・セーガン（米、天文学者、作家）は、「およそ

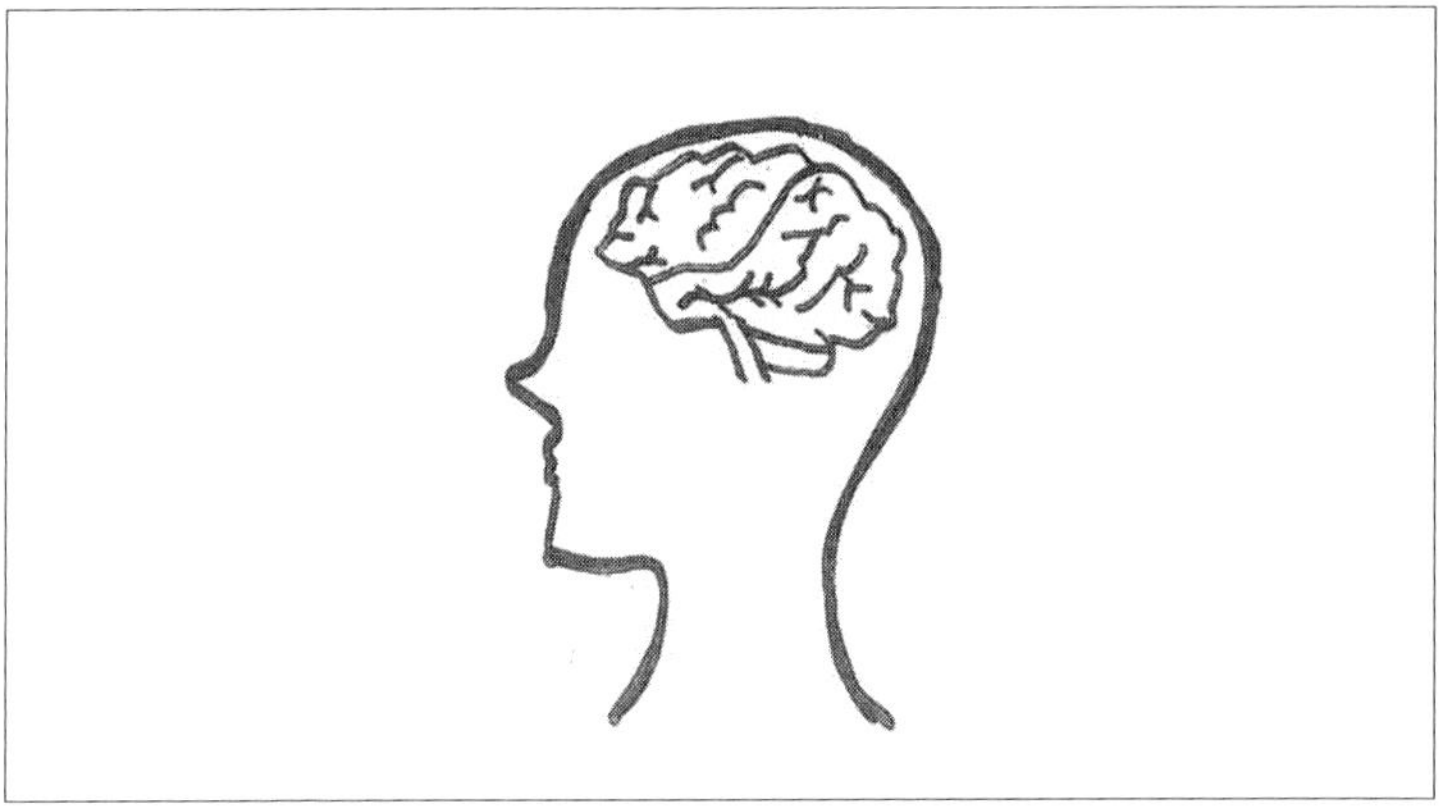

一千万冊、すなわち世界最大の図書館に収められているのと同じ数の本を満たすほどの情報を収容できる。」と述べています。

人の脳に何故これほど多くの〝空き部屋〟があるのでしょうか。個体は必要に合わせて自身を変化させてゆくという進化論の立場からは説明できません。将来の必要を見越しての余裕などあろうはずはないでしょう。

人は平均寿命を生きる間、脳の潜在能力の０・０１％しか使っていないと見る神経学者もいます。脳細胞の数、１０００〜２０００億、ニューロン、シナプスの神経伝達物質の連接の数は天文学的数字に上がると云います。

これだけの数の細胞が約１５００ｇとコンパクトに収められ、話すたびに舌、喉、唇、顎、胸の１００もの筋肉が正確なタイミングで連動しなければならず、その指令が脳から出ているのです。生まれて間もない赤ちゃんも言葉を聞き分けるという研究論文もあり、人間には生まれつき言語能力が備えられているのです。

人の脳になぜこれほど大きな潜在能力が備わっているのでしょうか。眼前に迫る事態への適応こそが進化の原動力であるとの論拠からは納得できるものではありません。人の脳は確かに設計されたものであり、将来の必要に備えていると云えます。

高齢者の脳の働きの変化についてはどうでしょうか。心理学研究の分野では、知能（学習能力・適応能力）の衰退する側面と、高齢まで維持強化される側面とがあります。前者は流動的知能すなわち「計算力・暗記力」で示され、後者は経験により強化される「知恵」で表されるでしょう。

従来、脳細胞の成長はあり得ず、脳は新たな細胞の生成はないとされましたが、１９９７年代後半に、成人の脳でも生成できることが、ジョセフ・アルトマン（米）によって立証されました。「神経生成」と呼ばれるプロセスにより、何歳になっても自分の脳を造る、再生する可能性があるのです。

何歳になっても諦めることはありません。パソコンを操り、プログラムに挑戦、新しいアプリを作る高齢者もいると云うことです。

自己啓発の強い意欲を持つことが脳の若返りを促進するのです。

(3) アダムのりんご

さて、全人類の祖先アダムは、命の与え主からの自身の保護となる制限をないがしろにした、自由意志の限界を超える選択により人類に老化と死―寿命の定めが入り込むこととなりました。

創造者は人を造るにあたり不滅性を与えたわけではありません。警告通りの人の存在を消し去り、土に還すことは創り主の権利であり、偽りの無い神としての証にほかなりませんでした。

創造者（神）の当初の目的、全地を幸福な人類で満たす計画は失敗してしまったのでしょうか。決してそのような事はありません。神の予知能力は完璧で、物事の推移、結果の全てを完全に見通すことが出来ます。

「私は終わりのないことを

始めから、まだなされていないことを
昔から告げてきた。
私の計画は実現し　その望みをすべて実行する」と。
――イザヤ書46章10節

与えた自由意志を人がどのように用いるか、あらゆる選択肢とその帰結を余すことなく予知しているとはいえ、それでも人の選択に委ねているのです。

人はプログラムに従って整然と働くロボットのようではありません。心を持ち、その働きにより自由意志をコントロール出来、自らの意志で物事を行う喜びを得られるよう造られたのです。

神の意向にそぐわない欲望の生じる事があるとしても、それを際限なく膨らませ行動に移すことのないよう、行うならどのような結果を招くことになるかを思いめぐらす洞察力、とどめる自制力も共に与えられているのです。何よりも自分の造り主に対する、喜ばれる選択をしたいとの愛と感謝の強さが要となるでしょう。

人に自由意志を与え、その選択に委ねるにしても、人がその身に危害を招くことのないよう十分に配慮する。そのような神の人に対する信頼と愛は、わが子をこよなく慈しむ父親にも例えられるでしょう。

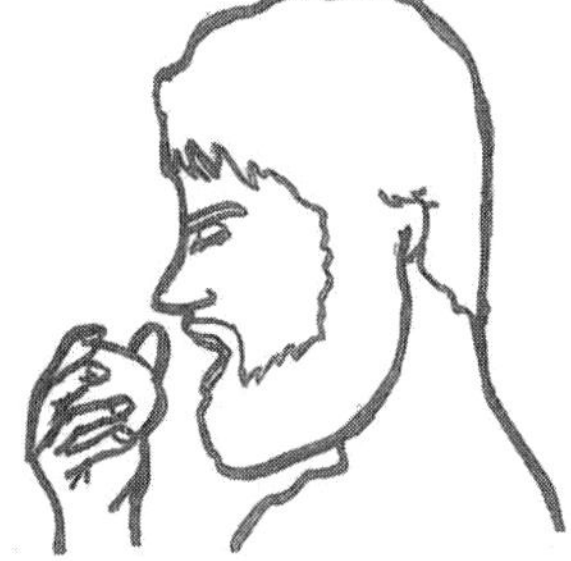

　そのような父親は、幼いわが子の自らの意志で動き楽しむ姿を見、うれしく思います。その子の成長に併せ制限を緩めてゆくとしても、子の命にかかわるような行為は避けるよう、行ってはいけないと厳しく教え込むものです。
　子はそのような父親の導きを厳しく冷酷と感じるか、自分に対する愛の表れと受け取るか、当初理解できず納得し難いとしても、成長するにつれて、制限を設け導いてくれた父親のそのような愛の深さを悟り、感謝の念を深めてゆくことでしょう。
　創造者（神）がアダムに設けた制限は簡単なものでした。それは人の造り主である神の、人に対して当然持つ権利を人が踏み越えてはならない、と云うものでした。

「神である主は人に命じられた。
『園のどの木からも取って食べなさい。
ただ善悪の知識の木からは、
取って食べてはいけない。

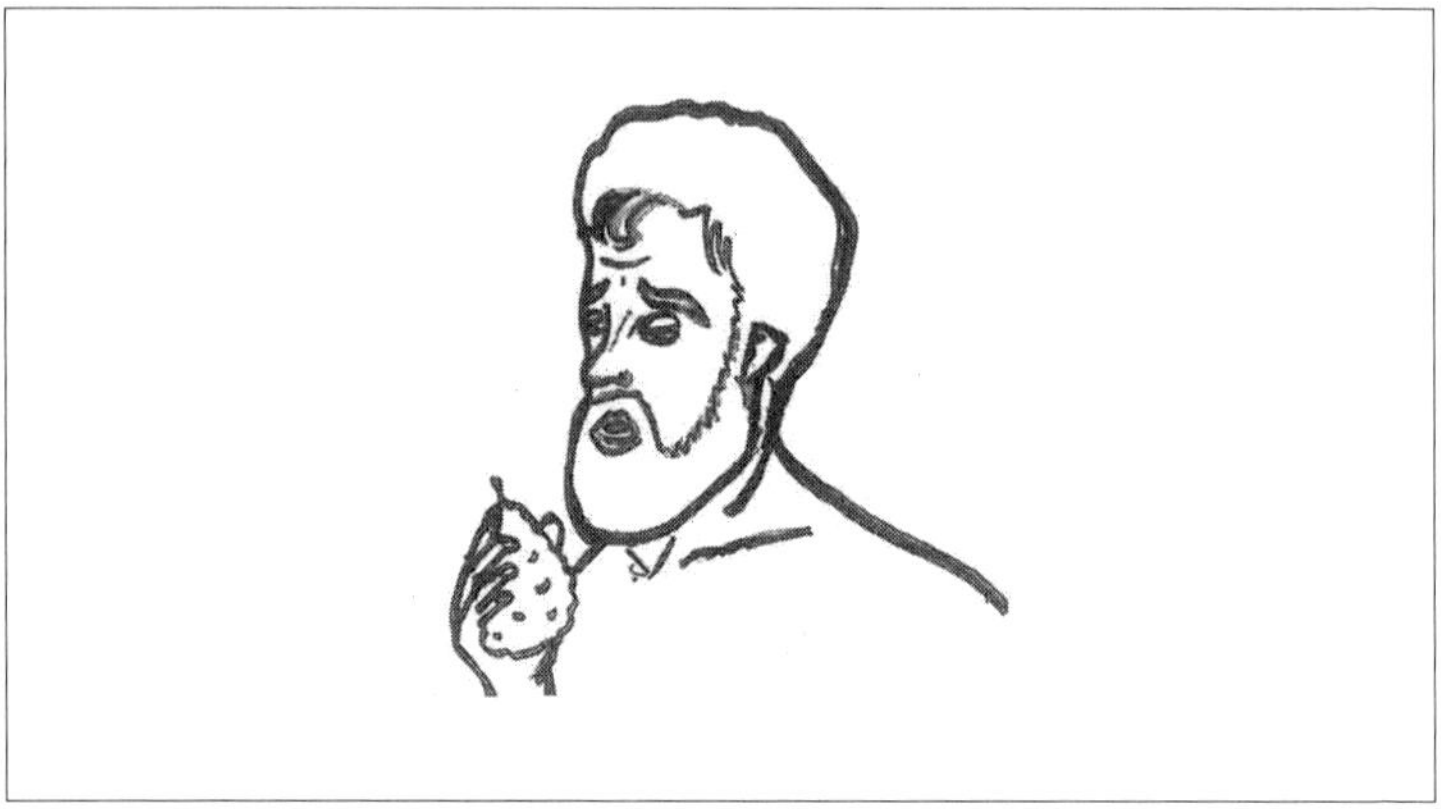

取って食べると必ず死ぬことになる。』」
――創世記2章16、17節

園の中の沢山の種類の木から、その実を色とりどり様々の形と味覚の中から好むものを選んで食べることにより満足と喜びを得るように、自分の意志で物事を選択、決定し行動してよいと、象徴的な言葉で示されたのです。

どの木からもは自由意志を与えられていること、取って食べなさいはその選択、行使を表しています。

善悪の知識の木は選択の対象外のもの、自由意志行使の限界を示したものであり、この木から取って食べることは神の権限を踏み越える行為にほかなりません。善悪を定める権利は神にあり、全ての被造物は神によって造られている故に、自ら善悪を定めようと主張する者は存在を許されないのは当然のことでしょう。神は完全な善であり、悪のかけらもありません。

問題の本質は食べることを禁じられた木の実そのものに

あったのではありません。それがりんごであるか毒であるかということでもなかったのです。アダムの前に置かれたのは「食べる」か「食べない」かの選択、アダム自身による決定を問われていたのです。

アダムが与えられた自由意志の限界を知りつつ神の深い愛に包まれながらも、神を裏切るに及んでしまった理由の幾つかを挙げてみますと、

①アダムは誕生後、日課として神からの教育を受けていましたが、守るべき神の基準を認識する上での倫理的、道徳的観念は完成途上にありました。

（創世記３章８節参照）

②神と同等の立場（人からの崇拝を受ける権利）を渇望していた者がアダムに対し、神から離れ自分を崇拝するよう、教唆扇動、誤った選択へと追いやりました。

（創世記３章３～５節参照）

（この者は、中傷する者を意味するサタンと呼ばれるようになりました。）

③中傷する者の巧妙な策略はアダムの妻エバを籠略することから始まりました。最初に食べた妻からの、「あなたも食べるように」との懇願を違反行為と知りつつも、断固として退けることが出来なかったのです。魅力的な妻を失うことを恐れ、その誘いに屈してしまったのです。（創世記3章6節参照）

このようにして、神から独立して善悪を自分で決めるすなわち自由意志に限界のない神と同等の立場に自分を置くという虚構に立ったアダムは破滅への道を踏み出してしまったのです。ここで、「善」「悪」「罪」は聖書の中に随所に出てくる言葉ですが、それぞれの持つ意味を具体的に取り上げてみますと、

善	人の命を守り、健康を維持し、満ち足りた思いと喜び、幸福感の高揚、憎しみや恐れのない状態を維持促進する考えや行動の規範
悪	これらを損い貶めようとする一切を指す。
罪	人の歩むべく敷設されたレールを逸脱して進む行為行動を指し、自由意志行使の限界を定めた神の基準を外れてしまう動機と歩み

アダムの選択は、自由意志行使の限界を越えて、罪を犯すに到りました。当然の報いとしてアダムは死の宣告を受け、その子孫である後の世代全てに死の烙印が焼きつけられました。

こうして人類の全ては、寿命の定めを意識しつつ、誕生と死を繰り返しているのです。それ故にアダムの犯した罪は〝原罪〟と呼ばれます。

――。――。――。――。――。――。――

興味深い事に、禁断を犯し破滅を招いてしまう記述はギリシャ神話、古事記、物語、伝承などに多く見られます。聖書ストーリーが人の移動に伴い、部分的に伝わっていったものでしょう。

アダムは禁じられた木の実を食べたその日のうちに死んだのではなく、ある期間を生き、悔恨と老化に苛まれつつ死を迎えました。聖書中、「日」は物理的な１日だけでなく、年代、時代を表す場合にも用いられています。

アダムはＢＣ４０２６―３６９６　９３０歳で死にまし

た。記録されている最長命はメトシェラ969年、イエレド962年も長命でした。彼らがこれほどの長命を保った理由として同時代の人々の強い生命力がありました。寿命の定めに繋がれてしまいましたが、余韻のようなものがあったのです。例えば、回転軸に供給されているエネルギーが遮断されても、しばらくは惰性で回り続けるようなものです。以降、人は次第に寿命を縮めてゆき、モーセの時代（前5世紀）には今日の人と変わらない7、80年の寿命となったのです。

――詩編90編10節（第1部(6)参照）

聖書中の出来事の年代を算定するには、聖書と一般の歴史双方に記されている出来事の歴上の年代を確定し、その年代を起点として聖書中の記録を用い、その年代の前後に計算を進めることにより算定出来ます。

詳細は省きますが、地上における神の主権を代表していたユダヤ王国がバビロニア軍によって滅ぼされ、首都エルサレムが壊滅、神の王国の支配が空白状態に置かれた「BC607年」が聖書中重要な出来事の年代として確定され、これを起点として聖書の記録を遡り、アダムの創造の年代BC4026が算定されました。

同様に、キリスト・イエスの再臨とその王国の樹立AD1914年、メシア（キリスト）としての出現と死は70週の預言（ダニエル書9章24～27節）から、それぞれAD29、33年と算定

されます。

アダムの誕生ＢＣ４０２６から、ＡＤ１９７５で、人類の歴史は６０００年を経過したことになります。異論のあるところですが、世界四大文明の起こった年代と比較してみますと、大きな差異はありません。

黄河文明　ＢＣ５０００―２０００頃
メソポタミア文明　ＢＣ３０００―１９００頃
エジプト文明　ＢＣ３０００―１０００頃
インダス文明　ＢＣ２５００―１５００頃

アダムは死の宣告を受けた後もしばらくの間生き子孫を残しましたが、彼が即座に滅ぼされず子を設けることを許されたのは、神の人に対する恩寵にほかなりませんでしたが、ほかにも大きな理由がありました。

人類が一代限りで途絶えず子を産むことを許された背景として、神自身の言葉がありました。

神は偽りを語ることは決して出来ません。

「全地を楽園《パラダイス》とし、幸福な人類で満たす」と云う当初の宣

言が反故となり立ち消えてしまうことは、神自ら神であることを否定する事態となります。

「それは、永遠の命の希望に基づくもので、偽ることのない神は永遠の昔にこの命を約束してくださいました。」

——テトストへの手紙1章2節

もしアダムが与え主の意向に沿って、自由意志を正しく用い、洞察力と自制を十分に働かせていたなら、アダムとその子孫である、この地球上に住んでいるわたしたちの全ては、心身の完全な健康と定めのない命を余すことな亨受し、恐れや不安の全く無い喜びと楽しみに満ちた生活を、神を讃え教えを受けつつ送っている事でしょう。

もちろん、ただ遊んで暮らすと云うことではありません。人は意欲と目標を持って仕事を楽しむよう造られています。アダムが誕生に際して神から与えられた仕事は、エデンに置かれた楽園を地球全域に拡げる壮大なプロジェクトでした（第１部⑷参照）。

残念なことに、今日の世界にみられる有様は、人類の生存そのものを脅かす状況に陥ってしまっていることは間違いありません。

地球環境のみならず、人間関係も荒廃の一途を辿っています。他の人を気遣う思いやりの精神は薄れつつあり、自己中心の態度を示す人は多くなっています。

当然なこととして、全ての人は受け継いだ罪を宿しており、善を行うのは容易ではありません。この世を限られた寿命とは云え、全うするには必死の努力が要るでしょう。

〝人生街道〟は高いハードルの並ぶ曲がりくねった危険な道です。入試、就活、結婚と子育て、住宅、老後、終活、介護など、ハードルを越えることで人生を終えるのでしょうか。

もちろん、人生に楽しみな事もあります。人生意気に感じ、目的に沿い歩むこと、才能、体力に恵まれた人、資産や人脈の豊かな人など少しは多く人生をエンジョイするかも知れません。

しかし、どのような人生であっても、越えることの出来ない最後のハードル、死の壁が厳然と立ちはだかっているのです。

ニュートンのりんごは人類に明るい科学文明をもたらしましたが、アダムのりんごは人類を暗い死の影で覆ってしまいました。

(4) 和解への道

人に対する神の計り知れない深い愛は、途切れる事なく今も続いているのです。

罪(原罪)を認め、壊れてしまっている、神と自分との関係を修復したいと願う人に、自分に近づくように、罪からの救出手段を備えている事を知って欲しいとあらゆる人に呼び掛けています。

そのような神からのメッセージは〝良い知らせ〟として聖書の中に記されています。『わたしの言葉を聴き入れ、わたしの元へ帰るように。そうすれば、わたしはあなたを迎えよう』という神からの呼び掛けは聖書全巻の随所に見られますが、福音書の記述の中では際立っています。

(福音書―イエス・キリストの言行録。使徒マタイ、ヨハネ、同労者マルコ、ルカの四人の筆者による四つの書。それぞれの筆者の記述の間に、一致しない点や食い違いのあることに疑問を覚える事があります。コリン・J・ハンフリーズ著『最後の晩餐の真実』は参考になるでしょう。)

(イエス自身は聖書を書いてはいません。)

福音書の中から、いなくなった息子(家を出ていった放蕩息子)とその父親についての、イ

エスの語った例え話を取り上げてみましょう。この物語は失われていたものが再び見い出された時の喜びについての、一連の話の一つです。要約してみますと、

「父親から分与財産を強引に引き出し、それを持って家を出ていった息子がいました。息子の、その義絶とも云える振る舞いに面しても、憐れみ深い父親は息子に対する愛情を失うことなく、心の中に、早く帰ってくるよう、いつでも迎えようと呼び掛けています。放蕩の限りをつくした息子はやがて無一文となり、世間の非情さを身に染みて知るのです。

　彼は自らの非、気付かずにいた父親の愛を悟り、許しを乞う決意を固め、父親の元へ向かいます。息子がまだ遠くにいる間に、父親は走っていって息子を抱き締め、家へ連れて帰り、悔い改めた息子を歓迎するのです。」

（ルカによる福音書15章11～24節参照）

このような場面においての、一般的な社会通念として放

蕩息子は〝勘当〟されてしかるべきでしょう。復帰するには詫びを入れる、つまり「償《つぐな》い」を差し出さなければなりません。さらに両者の間を取り持つ「仲裁人」も欠かせません。無条件で許す事は父親としての権威の失墜につながり、家族のしめしが付かず、世間は納得しません。

例え話の中では、償いや仲裁人について述べられてはいません。話を分かり易くし、息子の悔い改め父親の愛情を極立たせ聴き手を話に集中させるためでしょう。

イエスが、父親は神を、息子は人類を指して話していることに気付かれるでしょう。神は全宇宙を支配しコントロールするための原則、法令を定め、秩序を保っているのです。それで恣意的に違反を許してしまうことは決してありません。公正を旨とする自らの掟を破ることになるからです。

アダムの違反により神と絶縁状態に置かれている人類にとって、神との親子関係を再び取り戻し、定めのない命を生き続けるために三つの事柄（必須条件）を充たさなければばなりません。
一、罪人であることを認める（神を無視した従来の歩みを悔い改める）。
二、神との間を取り持つ仲裁人を立てる。
三、自ら放棄した定めのない命の価値を神に返す（償う）。

人間にとって、一は可能であるとしても、二、三は不可能な事柄です。無限のエネルギーの源としての存在である神に近づき、祭司として働ける人間は一人もいませんし、定めのない命を犠牲として差し出せる人もいません。

さらに、仲裁人は神と親密な関係を持ち、絶対的な信頼を得ていなければならず、加えて人類を良く知っており、愛情を抱いて窮状から救い出したいと強い意欲を持つ者でなければなりません。

(5) 仲裁人イエス・キリスト

神は仲裁人として、自らの最愛の子であるイエスを選びました（イエスは神の救いの意）。神からの〝和解のためのメッセージ〟を人類へ伝えるという重要な役割を託された者として、彼以外の起用は考えられません。その理由を考えるに際し、イエスはいつ存在するようになり、

「御子はすべての物が造られる前に
最初に生まれた方です」—コロ１：15

神との親子関係はいつ生じたかを知ることは大切です。年代については遠い昔としか知る由もありませんが、神が全てのものを造るに先立って創り、共に存在するようになり、全創造物の初子として神との親子関係が生じたのです。

「御子は、見えない神のかたちであり
すべてのものが造られる前に
最初に生まれた方です。」
――コロサイの信徒への手紙１章15節

＊イエスという名は、人間として地上に来た時の名で、天ではミカエルと呼ばれています。

神がいつから存在しているのかは誰も知ることは出来ません。いつまで存在するのかについても同様です。常に存在するとしか言いようがないのです。

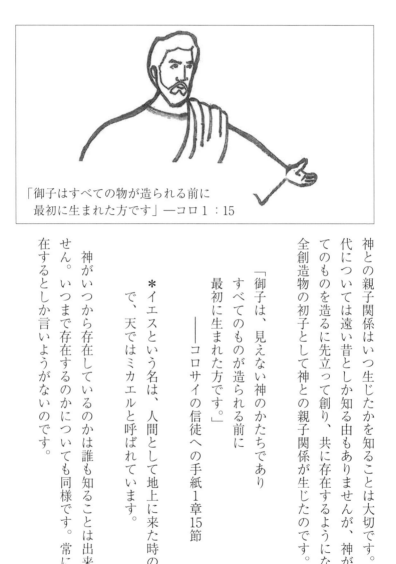

「私はアルファでありオメガ、
最初にして最後の者、
始めであり、終わりである。」
——ヨハネの黙示録22章13節

それ以降、宇宙を始め全てのものは神とイエスの協同の業として造られるようになりました。

「この言《ことば》は初めに神と共にあった。
万物は言によって成った。
言によらずに成ったものは何一つなかった。」
——ヨハネによる福音書１章２—３節

＊言《ことば》と訳されているのはギリシャ語、〝ロゴス〟で、
神について語る代弁者としてのイエスを指します。

それで計り知れない長年月、神と共に働き、神から学び

愛と薫陶のうちに、神に次ぐ者として神から絶大な信頼を得ているイエスこそ、仲裁人として神からのメッセージを携え、人類のもとへ赴いたのは全くふさわしいことでした。

神と共に地球と人間の創造を歓び、人間をこよなく愛しているイエスは、神を畏れる敬虔なユダヤ人女性マリアの胎に移され、人間として30年余の生涯を通じ、人間の抱える辛い状況、老化や死にまつわる不安や恐れをつぶさに観察、深い同情心を示していて、神との和解への仲裁人として全くふさわしい資質を示しているのです。

(6) 贖い主イエス・キリスト

アダムの犯した神に対する罪を受け継いで生まれる人類の全ては、一人の例外もなく、神と和解し罪を帳消しにしてもらうため、その罪に対する償いを差し出さなければなりません。アダムの放棄しその価値を貶めてしまったもの、それは何ら欠けるところのない完全な命（不老不死）でした。計り知れない価値を持つ、全人類へ受け継ぐべき神の貴重な持ち物でした。従って、償いには完全な命を宿している人間が死ぬことによって賠償が成立し、和解がなされることになります。

残念ながら、そのような命を持つ人間は一人もいません。それでイエスは、完全な命を持つ人間として、地上で死ぬという苛酷な努めを担うことになったのです。これ以上大きな価値の

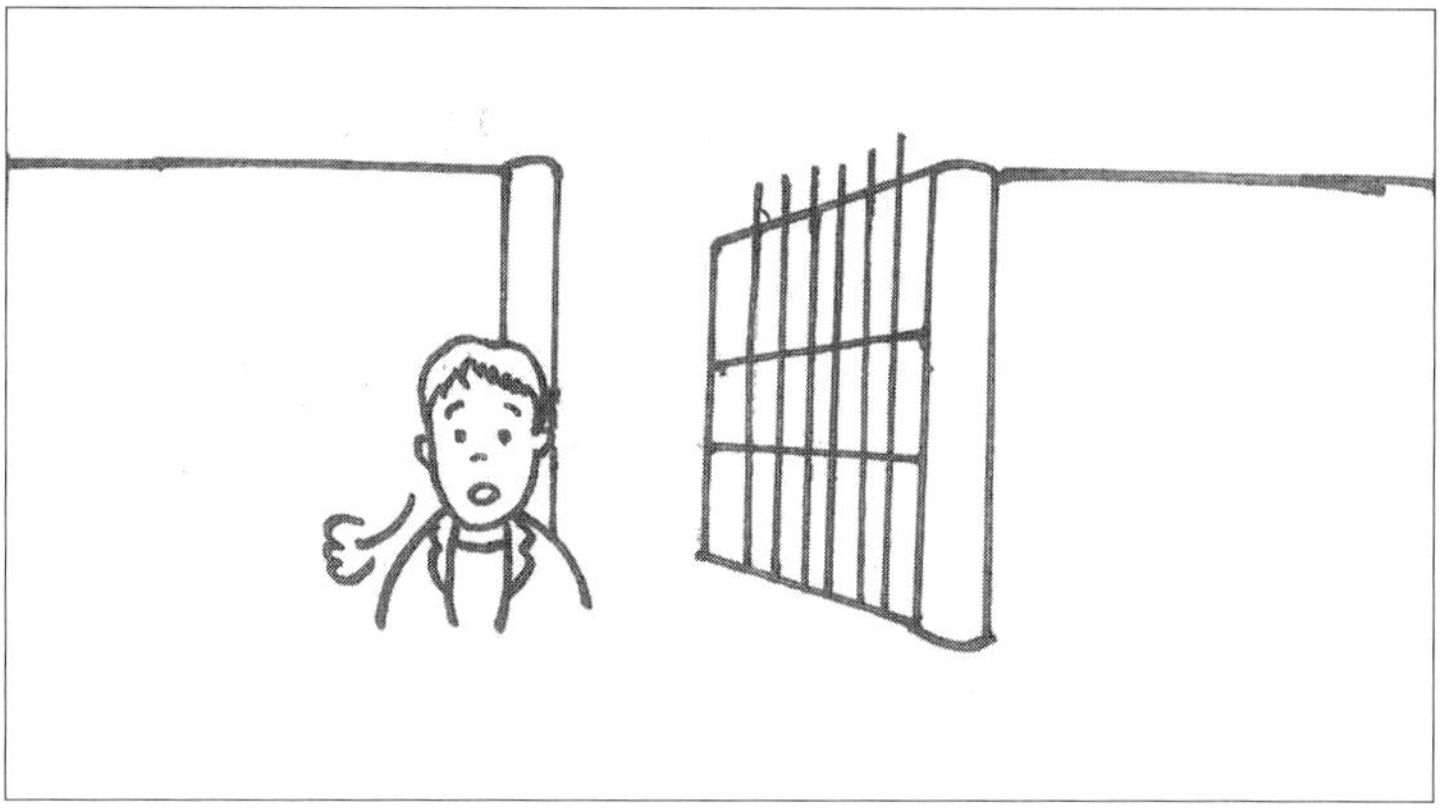

ある犠牲はありません。

一般的に償いを求められる場合、与えた損害が比較的軽微であったり、不本意であり悪質とは云えないなど、酌量の余地あるものでは、口頭の謝罪で収まるかも知れません。しかし甚大な損害や著しい名誉毀損などの場合、損害額に見合った対価の支払いが求められ、自身の命をもって償わなければならない状況もあります。このような対価の支払いによる収拾に際しては「贖《あがな》い」がふさわしいでしょう。「贖い」はこのように定義されます。「買い戻すための、何らかの義務もしくは望ましくない状況から解放するため支払われる代価」。

贖う、請け戻すと訳されているヘブライ語やギリシャ語の様々な用法には、贖いもしくは買い戻しを成し遂げるために与えられる代価または価値あるものと云う類似した概念が本来備わっています。英語Ｒａｎｓｏｍには覆うための代価（例えば損害賠償）と云う基本的概念があります。

「命には命である」—申 19：21

これらの語に共通しているのは、交換という概念で、あるものを他のものの代わりに与えて公正のための要求を満たし、その結果物事の釣り合いが保たれると云う概念です。したがって、失ったものと等価のものが支払われ、釣り合いが取れて贖いが成立するのです。

それで、失われてしまった完全な命（不老不死）を人類が再び取り戻すために、命の与え主（所有者）である神に対し、等価である完全な命を持つ人間が死ぬことにより、命の所有者へ等価のものが差し出され、それが受け取られることによって贖いが成立し、人類は当初の神に意図された不老不死の歩みを再スタートすることが可能となるのです。

公正を旨とする、全宇宙に適用される、自身の定めた原則を被ることはありません。公正の原則は贖いの備えにも適用されます。

「あなたは憐れみの目を向けてはならない。

「永遠の命とは神とイエス・キリストを知ることです」—ヨハ17：3

命には命、目には目、歯には歯、手には手、足には足である。」

——中命記19章21節

（モーセの律法に示されているこの言葉は、復讐・報復の名目として解釈される場合が多く見受けられますが、この原則はあくまでも、正当な理由なくして他の人の身体、持ち物を損なった者は、自分の持つ同等のものをもって贖うべきであるという公正の原則を述べているのです。）

地球上で生きている77億人の誰一人として完全な命（不老不死）を受け継いでいません。アダムの犯した罪の結果として失われてしまったからです。

そうであっても、人類の前途には窮境からの救出を確信させる希望の光が差し込んでいます。完全な命の持ち主として欠陥のない遺伝子の組み込まれた受精卵を通して、イエスが誕生したのです。神の予告通り、ベツレヘムの地でマリアの子として産まれました。（ミカ書5章1節、ルカによる福音書2章8～14節参照）

イエスは偶然に生まれ偶然に死んだのではありません。遠い昔の預言が遥か後の世に成就を見る、畏れるべき神の壮大な業としか云いようがありません。人間の救いのため、神の備えた尊い贖いの犠牲です。イエス自身の語った次の言葉から明らかです。

「永遠の命とは、唯一《ゆいいつ》まことの神であるあなたと、
あなたのお遣わしになったイエス・キリストを知ることです。」
——ヨハネによる福音書17章3節

贖いの代価はいつ支払われるのでしょうか。

実のところすでに支払われ、神のもとへ差し出されているのです。AD33年、イエスは敵対するユダヤ人宗教指導者たちの扇動により、ローマ軍兵士の手により処刑、犠牲の死を遂げました。

神は完全な人間として死んだイエスの命を贖いとして受け入れました。

イエスは死後3日目に霊の命へ甦えらされ、神のもとへ戻ったのです。

考えなければならない事は、人類全てが自動的に罪を許され、不老不死を与えられるわけで

はありません。

神に近づき、贖いの自分への適用を願い求めなければならないのです。救出のかぎは聖書の中に収められています。命の与え主、創造者（神）を認め、その指し示している命の道を歩む人は幸いと云えるでしょう。

では、次に聖書のアウトラインを調べてみましょう。

第3部

聖書・神からのメッセージ

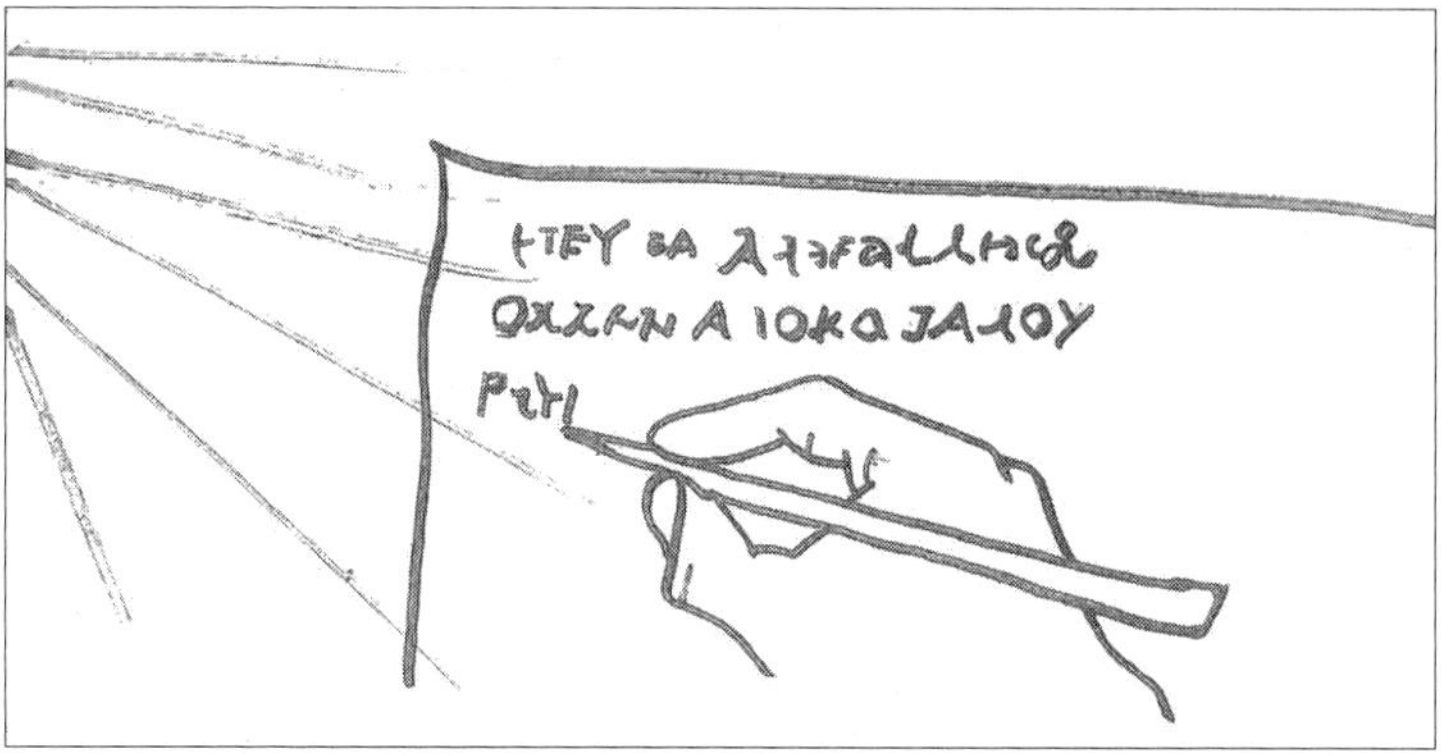

(1) 著者と筆者、書かれた期間

聖書筆者は人間ですが、書かせたのは神です。それで筆者は神と言えます。聖書の中でもその点に触れ、

「聖書はすべて神の霊感を受けて書かれたもので、人は教え、戒め、矯正し、義に基づいて訓練するために有益です。」

――テモテへの手紙二　３章16節

と述べている通りです。

「霊感を受けて」と訳されているギリシャ語テオプネウストスは、字義通りには〝息を吹き込んだ〟という意味です。神の考え、意向が筆者に注がれ、人間の考えは入っていません。

筆者の数は、モーセから使徒ヨハネまで約40人で、最初の書創世記がモーセによって書き始められたＢＣ１５１３から、使徒ヨハネによって書き終えられた第一、第二、第三の手紙まで１６００年を越えます。

＊ヨハネの黙示録を巻末へ載せる聖書は多くありますが、この書が書き終えられたのはＡＤ９６年でヨハネの手紙第一、第二、第三の書かれたＡＤ９８年より前です。

(2) 主要な宗教的著作との年代比較

	完成された年		2020年までの経過年数
	BC	AD	
創世記を含むモーセ五書	1473		3494
ヒンズー教の「知識の書」(ベーダ)	500		2521
佛教の「大学」(ターシュエ)	480		2501
佛教経典「三蔵」		43	1977
コーラン(イスラム教の聖典)		650	1370
神道の古事記と日本書紀		720	1300
モルモン教典		1830	190

※聖書以外は「ブリタニカ百科事典 1971年版」による

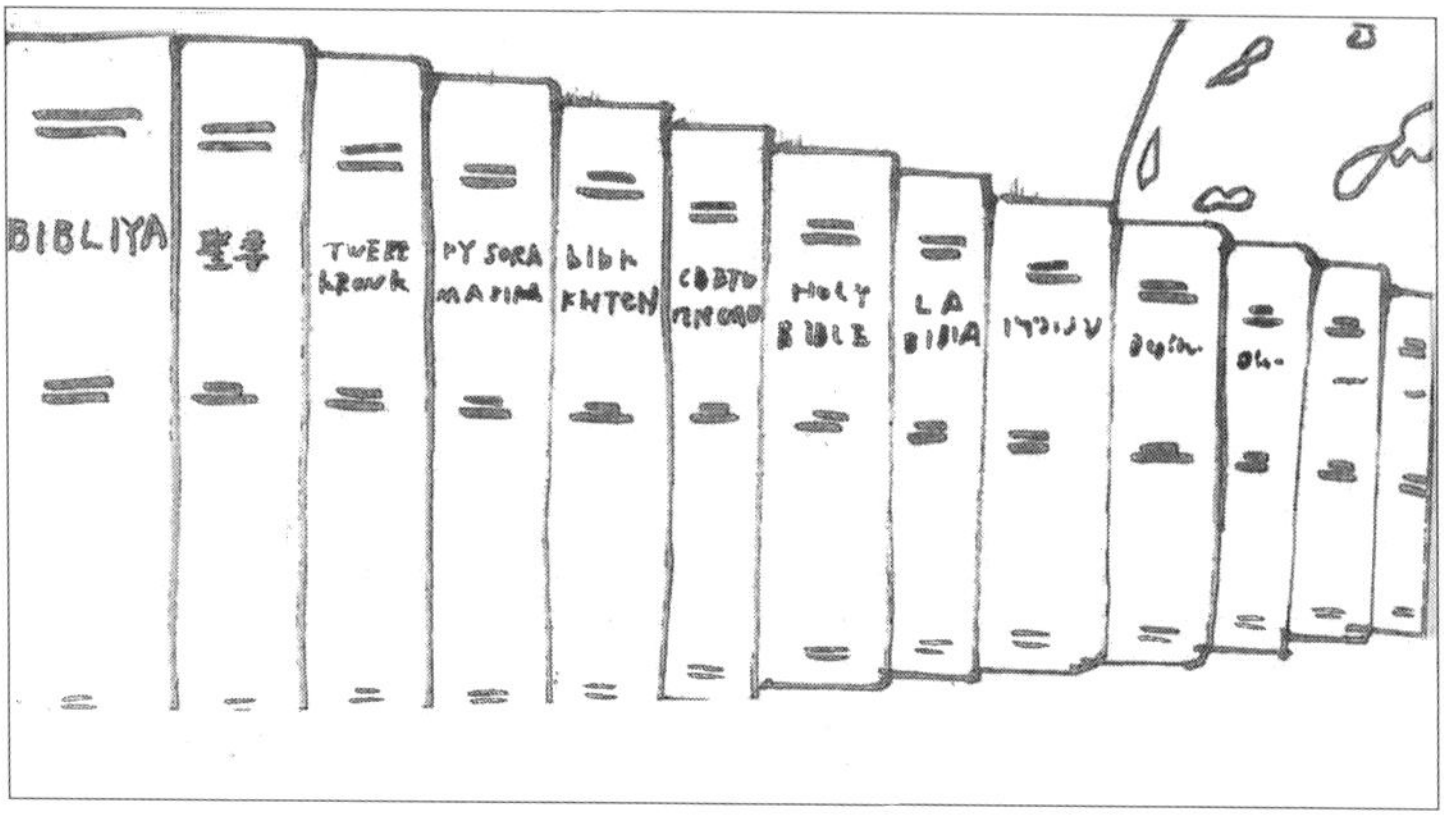

(3) 翻訳言語数と総発行部数

翻訳言語数	聖書全巻又は一部は、2020年現在3,200以上の言語に翻訳され、人類の90%以上の人が入手出来る。
総発行部数	すべての翻訳聖書（全巻又は部分訳）50億冊以上 「ジェームス王欽定訳」 10億冊 「新国際訳（英語）」 4億冊以上

＊「毛沢東語録」 推定10億冊以上

(4) 旧約聖書と新約聖書

旧約聖書はヘブライ語、一部アラム語で書かれていて、新約聖書はギリシャ語（コイネーと呼ばれる普通の人の話した共通言語）で書かれました。

それぞれヘブライ語聖書、クリスチャン・ギリシャ語聖書と呼称するのがふさわしいかも知れません。二つの書は、聖書の中心主題「神の王国」を軸につながっています。

＊「約」は契約の約で、訳ではありません。旧約は神とイスラエル国民、新約は、イエスと天の王国の成員との間の契約です。

旧い契約と新しい契約の対比

	神との約束	聖句	契約の当事者	言語	書き終えた年代
旧約	律法契約にもとづく	出 31：16、17	神とイスラエル	ヘブライ語 アラム語	BC443
新約	新しい契約にもとづく	エレ 31：31、32	神と象徴的イスラエル	ヘブライ語	
		ルカ 22：29	イエスと天の王国の成員	ギリシャ語	AD98

聖書の原則と律法

律法の根底には原則がある。原則は神からのものであり、不変。 律法は原則をどのように適用したらよいか、具体的に示したもの。

律法が与えられた目的

イスラエル国民の不完全さを目覚めさせ、罪の意識と恒久的な許しの必要性を自覚、認識させる。メシアの家系を守り、純血を保つ。

ユダヤ教の神との関係は終了

メシアの到来により律法はその目的を果たし、キリスト教へ移行。 クリスチャンは律法契約のもとにないが、律法の精神は生きている。

「預言の言葉は決して人間の意志によってもたらされたのではなく、人々が聖霊に導かれて、神からの言葉を語ったものだからです」―ニペト１：21

(5) 預　言

聖書は「預言の書」とも云われていますので、ふれておきたいと思います。

①定　義

霊感（神の聖なる力）によって与えられた音信。

神のご意志や目的に関する啓示

②目　的

最初にそれを聞いた人たち、神の約束に信仰を置く後代の人たち双方の益のため。

生き方と希望を与える。

③預言の形式

神の預言者を通して出される直接的な発言

　例　王上11：29－31

預言的な人物を通して

例イエス、ダビデ、メルキゼデク、モーセ

劇—後代の出来事の型として

例　バビロンの滅び

場所

例　シオンの山のエルサレム、上なるエルサレム

④何度か起きる成就

例　終わりのしるし

エルサレムの滅び。この世のハルマゲドンによる滅び

⑤これから成就する顕著な預言

一テサ	5：3
エゼ	38：14－19
ダニ	2：44
エゼ	38：23
黙	17：16
黙	16：16
黙	20：1－3
ヨハ	5：28：29
一コリ	15：24－28

⑹ 神の王国とは

イエスは神の王国を「天の王国」とも述べています。

「行って〝天の国〟は近づいたと宣べ伝えなさい。」
——マタイによる福音書10章7節

「〝神の国〟はあなたがたに近づいたと言いなさい。」
——ルカによる福音書10章9節

どちらも神のものと云う意味では同じで、どちらを使っても差し支えありませんが、この事から聖書が二つの世界の存在を述べていることが分かります。

霊（天）の世界と物質（地）の世界です。霊の領域にあるものは物理的に検知出来ません。異次元の世界と云えるかも知れません。

霊の領域に存在する生命体として神、復活後のイエス、みつかいたちがあります。いずれも人格的存在で、「霊者」と呼ばれます（出エジプト記33章20節　ヨハネによる福音書1章18節参照）。

ヘブライ語聖書（旧約聖書）とクリスチャン・ギリシャ語聖書（新約聖書）とは、それぞれ独立したものではなく、全66冊（39と27）は神の王国という主題のもとで結び付いているのです。

イエスは神の王国を宣べ伝えるよう繰り返し弟子たちに命じています。伝道活動の主要な論題は神の王国でした。

＊王国（英語 Kingdom）とは、君主制国家のうち、国王を元首とする国家を指し、帝国、公国、首長国などが含まれます。

よく知られる呼称として、〝千年王国〟、〝千年統治〟、あるいは〝キリスト王国〟など。

これらは、神から王として任命されたイエスが神の委任を受けて千年の間、神の主権を地上に対し行使する期間のことです。その統治は千年を経た後神に返され、神の王国は文字通り神の直接支配のもとに置かれます（コリントの信徒への手紙15章24節参照）。

王国政府は天に所在地があり、イエスはここから統治を行います。その統治はどれほど優れたものでしょうか。人間はいろいろの統治形態を試みてきました。どの制度も欠陥が有り完全なものはなく、致命的と云えるのは上に立つ人は不完全さを受け継いでおり、限られた命しか

生きられない事です。
不義に傾く偽政者は多く、限られた寿命さえ生きられず、犠牲にされる民の多くは善良な人々です。指導者が道を外れたり、後継者が同じ公正の歩みをつづけるとは限りません。

「……、人が人を支配し、災いを招く……」
――コヘレトの言葉8章9節

(7) 神の王国の行う事柄

聖書はこれから起こる変化の全てを詳細に示しているわけではありません。神の王国の行う事柄についても、大筋を述べるにとどめ、細部に至るまで列挙してはいません。もしそうするなら、それは膨大な資料となり、不完全な人間の常として、条文の批判・反論にエネルギーを集中、本来の目的を見失い二度とない救出の恩恵に浴する機会を逸

してしまう事に成りかねないからです。
それで、根拠となる聖句を読むことにより想像力を働かせ、自身の抱く希望を彩ることが出来るでしょう。

神の王国はイエス・キリストを王とする行政機関として、人類を罪と死の奴隷状態から救出し、死者を復活させ、共に完全性へと引き上げます。
王国の樹立までの経緯、千年統治の始まりと終わり、神の直接支配に至るまで、これら一連の出来事をまとめたロードマップを（表－1）に示します。

神の王国は地球全域を治める政府で、所在地は天にある。支配者（王）はイエス・キリスト、1914年に即位。大祭司としても奉仕する。
行政官として14万4000人が地上から取られる。イエス・キリストの協同支配者と呼ばれ、司祭としても奉仕する。

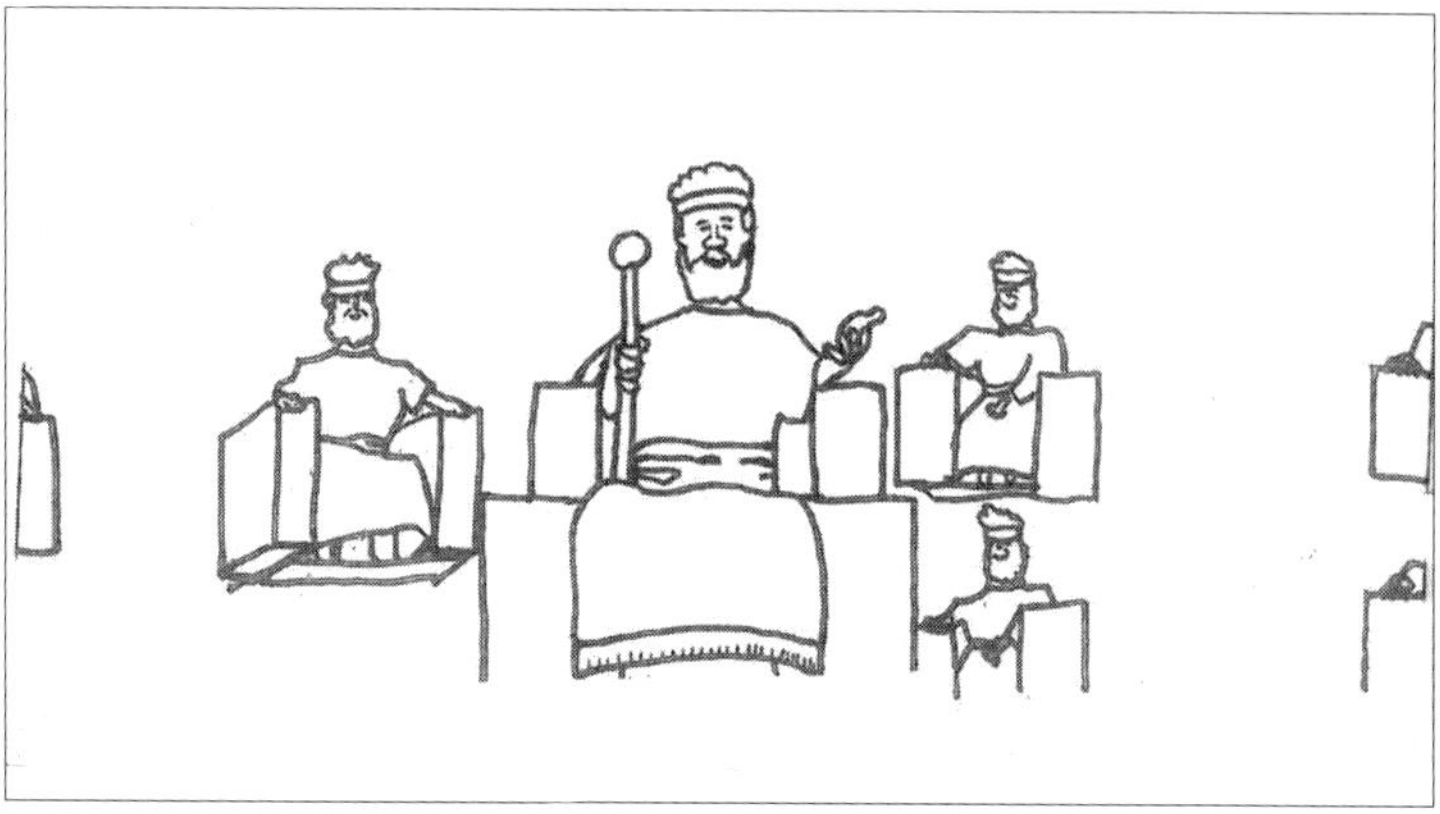

立法権と司法権を併せ持ち、立法と裁きは完全な律法である。キリストの律法（成文法ではなく、イエスが地上における生活の中で示した生き方、言行の手本）に基づく。

政策・施政については、以下のそれぞれの項目についての根拠となる聖句を参照。

保健　イザヤ書33章24節　イザヤ書35章６節
住宅　イザヤ書65章21節
食糧　詩篇　72編16節
教育　イザヤ書２章３節
雇用　イザヤ書65章21節

イエス・キリストは強力なみつかいたちで成る史上最強の軍勢を統率し、すべての悪と戦う。
詩篇45編３～５節　ヨハネの黙示録19章11節、14～16節

次の事柄を習わしにする人は、改めない限り、神の王国へは入れないのです。

「それとも、正しくない者が神の国を受け継げないことを、知らないのですか。思い違いをしてはいけません。淫らな者、偶像を礼拝する者、姦淫する者、男娼となる者、男色をする者、盗む者、貪欲な者、酒に溺れる者、人を罵る者、うばい取る者は、神の国を受け継ぐことはありません。」

――コリントの信徒への手紙一　6章9、10節

(8) 大患難とハルマゲドン

「ハルマゲドン」は聖書の中に只1回だけ出てくる言葉ですが、映画などの影響もあり、地球の終焉、人類絶滅の危機を意味するものと受け取られているようです。しかしそうではありません。

神に敵対し、人類に罪と死を入り込ませ、地を犯罪と災厄の暗い陰で覆っている〝サタン〟と呼ばれる者の勢力を一掃、地を清めるための神の戦いです。

単なる人間同士の戦いではなく、目に見えない神の軍勢が加わる戦いであり、全地の王たちが集められ、神と神の王国に反対するようになる状態または状況を指します。

語源はヘブライ語で、小高い丘を表すハル、地名メギドが合わさったもの。

＊メギドはエルサレムの北約90㎞、現代のハイファ市の東南約31㎞。

戦略上の要衝であり、主要な軍用路であった。

「汚れた三つの霊は、ヘブライ語でハルマゲドンと呼ばれる所に王たちを集めた。」

――ヨハネの黙示録16章16節

神の王国が天に樹立され、地に対し影響を及ぼし始める１９１４年以降、イエスは地は人類史上経験したことのない大きな苦難（大患難）に遭遇すると予告しました。

その大患難のフィナーレとなるのがハルマゲドンなのです。

「その時は、世の初めから今までなく、今後も決して

ないほどの大きな苦難が来るからである。」

——マタイによる福音書24章21節

大患難の始まりの前兆となるのは、平和に関する宣言です。諸国家は「平和だ。安全だ」という声を上げます。一つの宣言か、一連の際立った声明かもしれません。大患難の引き金となります。

「人々が『平和だ。安全だ。』と言っているときに、ちょうど妊婦に産みの苦しみが訪れるように、突如として滅びが襲って来るのです。決して逃れることはできません。」

——テサロニケの信徒への手紙一　5章3節

そして、宗教に対する攻撃をもって大患難は始まります。「大バビロン」と呼ばれる神を認めようとしない宗教全てを「十本の角のある深紅の獣（国際連合と理解される）」が攻撃、滅びに至らせます（ヨハネ黙示録17章3、11、12節、16節参照）。

神の王国の支持者たちの救出と保護のためイエス・キリストは立ち上がり、ハルマゲドンの戦いへ突入、神の側の勝利をもって大患難の壮大なフィナーレを迎えます。

大患難の始まりからハルマゲドンの収束までは比較的短いものとなるでしょう。

神の王国の樹立から100年以上の経過を見ています。大患難の始まりまで、それほど時間は残されていません。

しかし、大患難がいつ始まるかは神だけが知っています。


「その日、その時は誰も知らない。天使たちも子も知らない。ただ、父だけがご存じである。」

——マタイによる福音書24章36節

「神の王国は心の中にあるイメージに過ぎない。現実の存在ではない。」と教える教会は、イエスが敵対する宗教指導者たちに囲まれ詰問された時に答えた、〝神の国はあなた方の中にあるからだ〟（ルカによる福音書17章21節）と云う言葉を根拠にしていますが、それは彼らの心の中にあるものではなく「あなた方が取り囲んでいるこの私がつまり神の王国の王になる者（イエス自身）がここに居る。」という意味で、あなた方のただ中にあると述べたのです。

「神の国はあなた方の中にある」―ルカ 17：21

⑼ 復　活

神の王国の行う事柄には復活もあります。

ハルマゲドン後の新しい世へ移ることなく亡くなった神の王国の支持者たち、聖書の神を知る機会を得ることなく死んでいった人たち、このような人々にも公正を旨とする神は、復活という方法で生き返らせ、終わりのない命を与える事を望んでいるのです。

復活する人は、ハルマゲドン後の比較的早い時期から、千年統治の間に地上へ甦ります。

「さらに、正しい者も　ただしくない者もやがて
復活するという希望を、神に対して抱いています。」
――使徒言行録　24章15節

*正しい者とは聖書を知り、神を受け入れている人で、正

「正しい者も正しくない者も復活する」―使 24：15

しくない人は聖書の神を知らずに亡くなった人です。もちろん過去に亡くなった人全てが復活するわけではありません。

聖書に述べられている復活とは死者が再び甦ることを指します。

ギリシャ語：アナシタシス（再び立ち上がる）

英語　：resurrection the Resurrection は

　　　キリストの復活

創造者（神）のもとには一人一人全ての設計図があり、係った個人情報も完全にバックアップされています。同じ人をもう一度造ることは容易であり、それは完璧な複製となります。

２種類の復活があります。

①地上の楽園 への復活

「このことで驚いてはならない。
時が来ると、墓の中にいる者は皆、人の子の声を聞く。
そして、善を行った者は復活して命を受けるために、
悪を行った者は復活して裁きを受けるために出て来るであろう。」
――ヨハネによる福音書5章28、29節

②天へ霊者として復活
「自然の体で蒔かれ、霊の体に復活します。
自然の体があるのですから、霊の体もあるわけです。」
――コリントの信徒への手紙一　15章44節
（イエス・キリストはすでに復活しています。協同支配者たちも順序に従って復活し、予定14万4000人まであと僅かとなっています。

聖書中に記録されている復活の例は9件です。

「ラザロ、出て来なさい」—ヨハ 11：43

	復活させた者	復活させられた者	聖　句
ヘブライ語聖書	エリヤ	やもめの息子	列上 17：17－24
	エリシャ	男の子	列下 4：32－37
	エリシャの骨	ある男	列下 13：20－21
ギリシャ語聖書	イエス	ラザロ	ヨハ 11：38－44
	〃	やもめの息子	ルカ 7：11－17
	〃	ヤイロの娘	ルカ 8：49－56
	ペトロ	ドルカス（タビタ）	使 9：36－42
	パウロ	エウティコ	使 20：7－12
	神	イエス	マタ 28：1－10

文字通り死者が生き返ることではありませんが、１９３０年代のアメリカに、死者に対する人体蘇生の実験に異常なまでの熱心さを示した科学者がいました。

彼は科学的手法を駆使したとは思えませんが、死刑囚を恰好の実験材料として、死刑執行直後の死者の払い下げを、当局に執拗に願い出ましたがかないませんでした。

この話を耳にした死刑囚や一般の人までもが、実験材料として自分を用いて欲しいと申し出たとのことです。

結局のところ、実験は行われませんでしたが、人の生に対する執着、生き続けようとの願いがこれほどに強いのは何故なのか考えさせられます。

今日の救命医療に用いられている「人工呼吸、心臓マッサージ」の手法、「人工心肺装置」の開発などに貢献したことは間違いないでしょう。

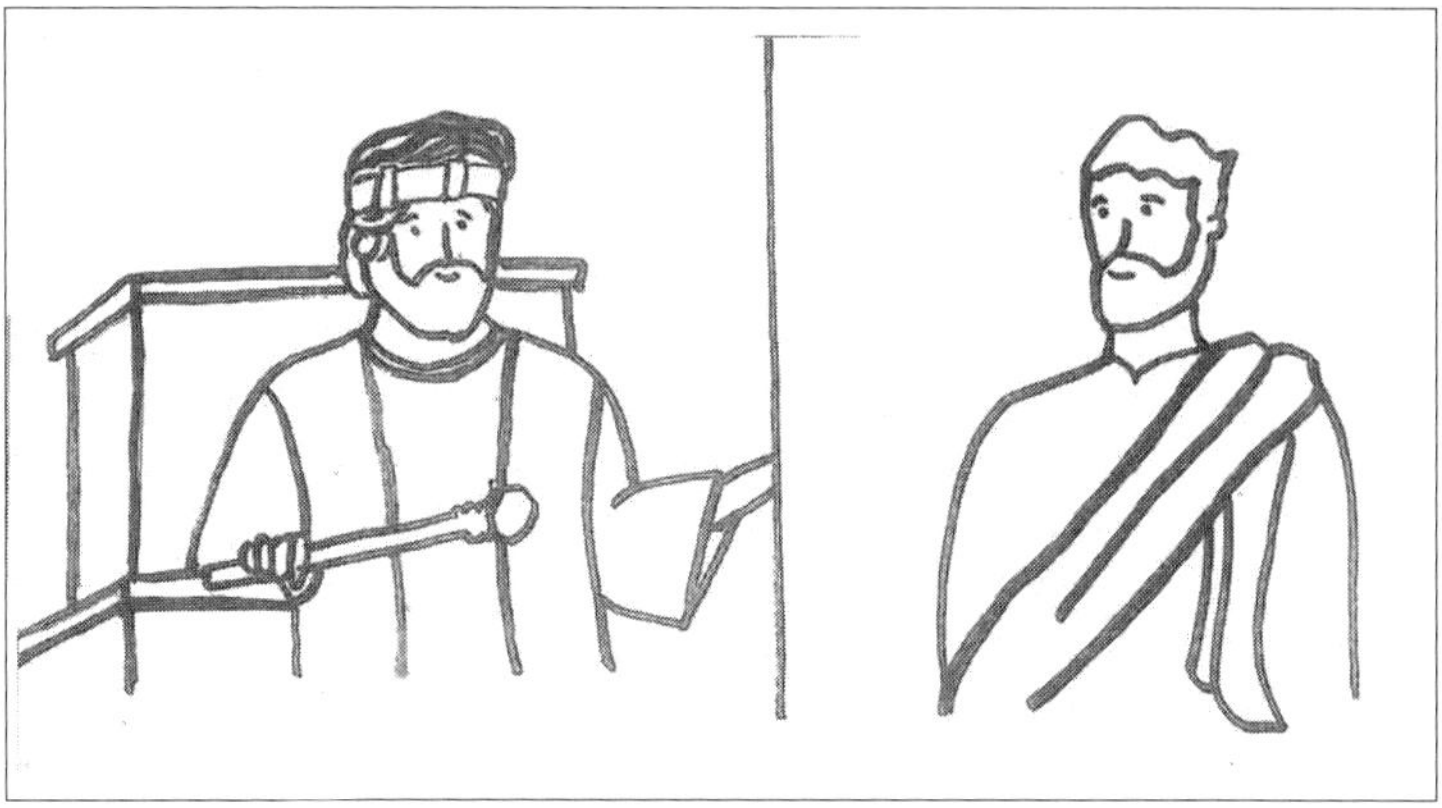

⑽　イエス・キリスト

人類の命のための仲裁人・贖い主であるイエス・キリストについて少し言及しておきます。

イエス……名

ヘブライ語　エーシューア

（あるいはエホーシューア）

ギリシャ語　イエースース

英語　Jesus

「神は救い」の意味を表し、救世主の意味が強い。

キリスト……称号

ヘブライ語　マーシーアハ（メシア）

ギリシャ語　クリストス

「油そそがれた者」を意味する言葉で、王として是認された（任命された）者と同義語。イエスは神により任命された者であり、神ではありません。

＊処女マリアもイエスを胎内に宿すべく、神により選ばれた人間の女性です。ミカエルはイエスの天使としての別名です。

「人間としてのイエス」

イエスが地上で表した卓越した人格特性は、イエスの王としての支配の仕方が思いやりと温かさに溢れ、人間の必要を完全に満たすものとなることを予表するものでした。

人間イエスとしての地上での生活、3年半に及ぶ宣教を通して、人間の抱える辛い状況、恐れや不安をつぶさに観察、深い同情心を覚えました（福音書に多くの記録が残されています）。その統治は単なる外見や風聞により裁くのではなく、公正（神の司法上の定め）と義（神の倫理基準）に基づいたものとなります。

地位、資産、境遇などによる偏見は全くありません。人の心の中にあるものを見るのです。
（イザヤ書11章2～5節参照）

人間の王にはない、その極めて優れた卓越性故に、多くの呼称を併せ持ちます。

驚くべき指導者	驚嘆すべき先見と、預言の言葉を語る
力ある神	神の力（神性）を受け強力な業を成し遂げる
永遠の父	受け継いだ罪と死の影響を取り除き、永遠の命を与える
平和の君	分裂した宇宙家族（後述）を一つに一致させ、恒久的な平和をもたらす

「主権がその肩にあり、その名は驚くべき指導者、力ある神、永遠の父、平和の君と呼ばれる。」

——イザヤ書9章5節

⑾ 千年統治の終わりに

全地が楽園となった地上ではどのような生活が待っているのでしょうか。生活のサイクルは時間に縛られることはありません。

研究・趣味・交友、旅行、芸術鑑賞、制作、スポーツなど、欠陥のない身体、頭脳、能力を十分に用い、生きていることを心ゆくまで楽しむ生活に終わりはないのです。

そうではあっても、ただ自分を楽しませることだけに没頭し、飲食に耽り専ら遊び暮らすという事ではありません。

家族や友人、他の人の益のため、とりわけ命の与え主の意向に沿って、知力、体力を用いる機会を貴重なものと受け止めなければなりません。

働くべき事は多くあるでしょう。それらは単なる義務感からのものではなく、強制されるものでもないのです。喜びのうちに自発的に取り組むべく、満ち足りた心の動機を

与えてくれるものです。

完全な意味での楽園の生活はイエス・キリストの千年統治の終わりをもって始まります。それまでの千年の期間は、文字通りのパラダイスへ向かっての、環境を整え、人類を完全へと引き上げるための移行期間で準パラダイスと呼べるかも知れません。

ハルマゲドンで荒廃した地を整えてゆき、パラダイスとして完成させる壮大な仕事に取り組まなければなりません。神の王国政府の導きのもと、ハルマゲドンを生き残った人々の手からスタートし、復活により生き返ってきた人々も徐々に加わります。

イエス・キリストの贖いにより罪と死から開放され完全な健康体へと整えられてゆく業も、千年統治の早い時から始まるでしょう。

創造者（神）の意図に沿い生き続けることを望む人は皆、自分たちの創り主を讃えその教えを学び続けなければなりません。創造者（神）について知りつくすことは決してないからです。

「ああ、神の富と知恵と知識のなんと深いことか。
神の裁きのいかに究め難く、その道のいかにたどり難いことか。」
——ローマの信徒への手紙　11章33節

わたしたちの住む地球がどれほど素晴らしく、また美しく造られているか調べてみましょう。

第３部　聖書・神からのメッセージ

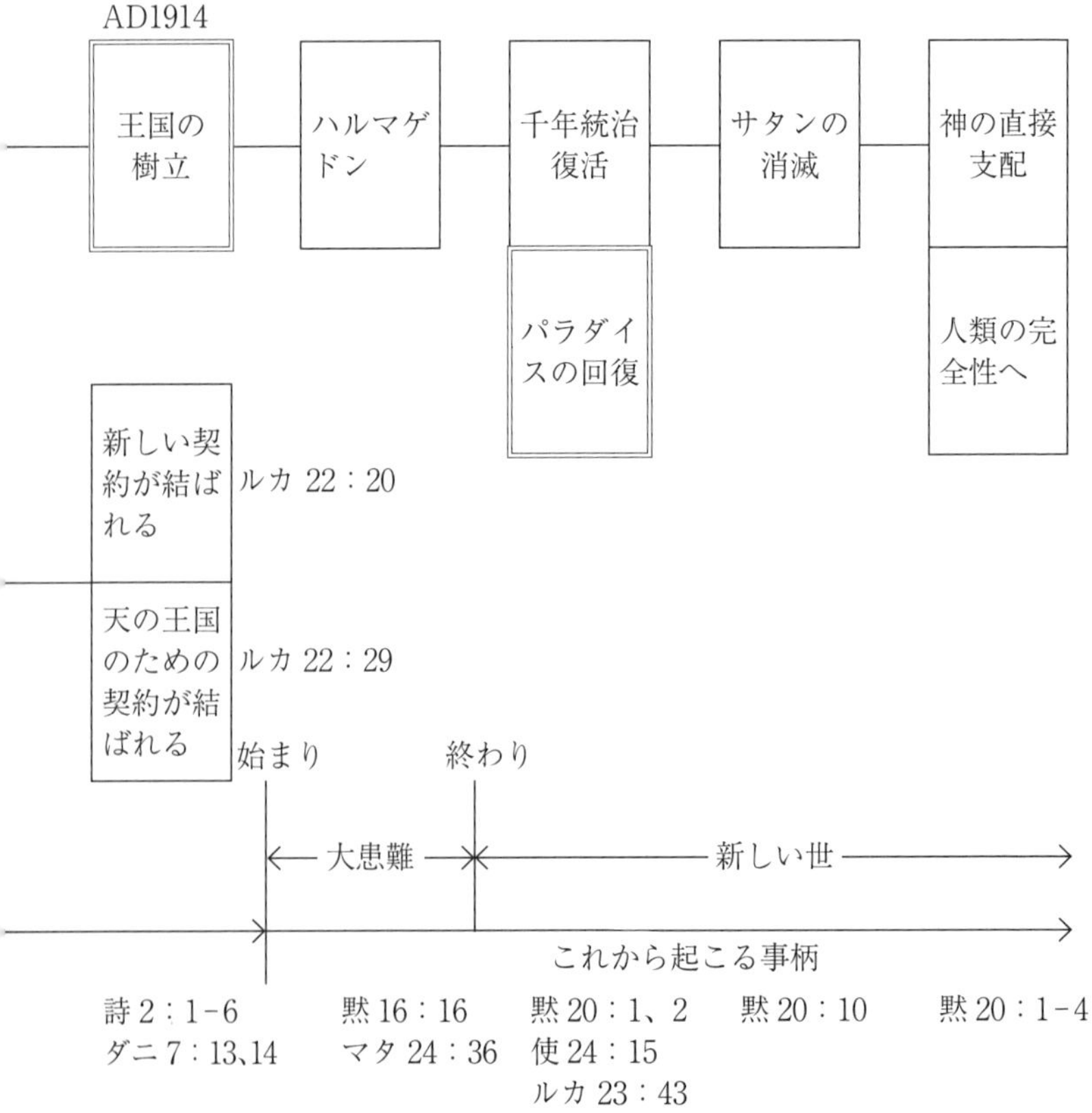
AD1914
王国の樹立
ハルマゲドン
千年統治復活
サタンの消滅
神の直接支配
パラダイスの回復
人類の完全性へ
新しい契約が結ばれる
ルカ 22：20
天の王国のための契約が結ばれる
ルカ 22：29
始まり
終わり
大患難
新しい世
これから起こる事柄
詩 2：1－6
ダニ 7：13､14
黙 16：16
マタ 24：36
黙 20：1、2
使 24：15
ルカ 23：43
黙 20：10
黙 20：1－4

表－1　神の王国による人類救出のロードマップ

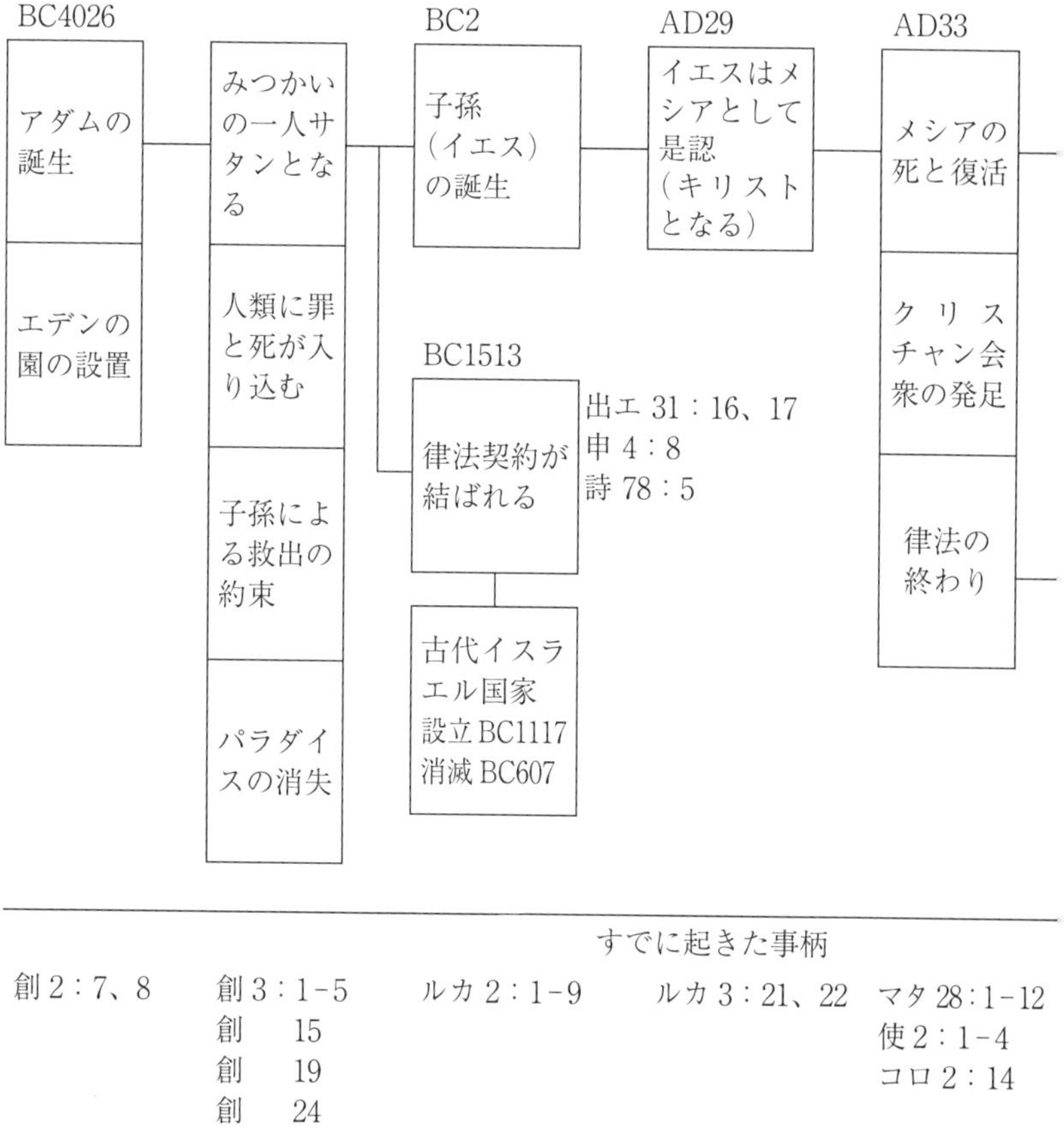

第4部　宇宙の宝石

(1) 完璧な防護システム

地球を宇宙から眺めると息を呑む青い美しい星です。無数の天体の中にあって、輝くような色彩を放つ生きた星は地球だけでしょう。

わたしたちの住む地球はなぜ美しいのでしょうか。緑で埋め尽くされた広大な熱帯雨林、輝く白い砂浜を絶え間なく洗う青い帯、コバルトブルーの中を揺らめく赤、黄、色とりどりの珊瑚、極彩色の魚たち。

畏怖を覚えさせる山岳の威容、白銀の世界など形容し尽くせません。

しかし、地球の一歩外は危険というより死の世界です。致死的な放射線が降り注ぎ、流星体が弾丸のように飛び交い、地獄の戦線に丸裸で飛び出すようなものです。

そのような中にあって、地球は46億年も正確な軌道を回り続けています。

事件が無かったわけではありません。例えば約6500万年前、メキシコ・ユカタン半島を襲った直径10～15㎞とも推測される巨大隕石の衝撃によって、爬虫類、鳥類、哺乳類など全生物の70％が死滅したと云われています。しかし、6，300㎞の半径を持つ地殻はビクともせず、時間を経て再び多くの生物の住家へと回復しています。

そのような修復・再生の機能に加え、創造者が生物保護のため地球に纏わせている〝防護服〟の一つは、宇宙空間にまで拡がる強力な磁場です。マントル層の下、内核を取り巻く外核には溶融した鉄があり、流動回転して、電流を生じ磁場を形成します。

この磁場によって強力な放射線、太陽風フレア、コロナで起こる爆発などから守られています。

地球を取り巻く大気は呼吸のためだけではありません。含まれるオゾンにより形成される層は宇宙からの紫外線の90％を吸収します。成層圏のオゾン量には柔軟性があって、紫外線が強くなると増加します。

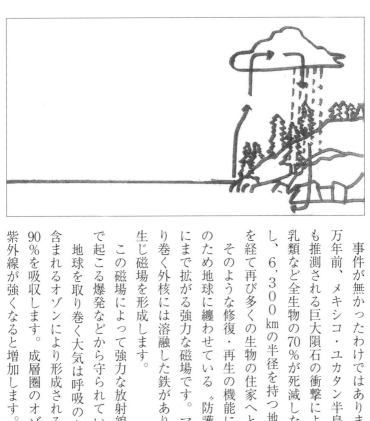

さらに、生命を支える循環システムも、安全で住み易い環境を維持する上で欠かせません。

水	蒸発↓雲↓雨の一年間のリサイクル量は、80㎝ほどの深さで地表全体を覆うほどにもなると推定される。
炭素と酸素	光合成により、人間と動物が呼吸し続けても酸素はなくならない。

窒　素	大気中の窒素は稲妻とバクテリアによって、植物の吸収できる化合物に変えられる。 植物がそれらの化合物を取り入れてタンパク質など有機物を作る。 動物は植物をたべることにより窒素を吸収する。 死んだ動植物の窒素化合物をバクテリアが分解する。

これら一連のプロセスにより、窒素は土や大気に戻されます。

熱の移送	気温が赤道近辺で過熱にならないよう、温度の上昇した海水は水蒸気（雲）となって極地方へ向かって風に運ばれ、降雨となり熱を放射する。 海流も同様な働きをする。

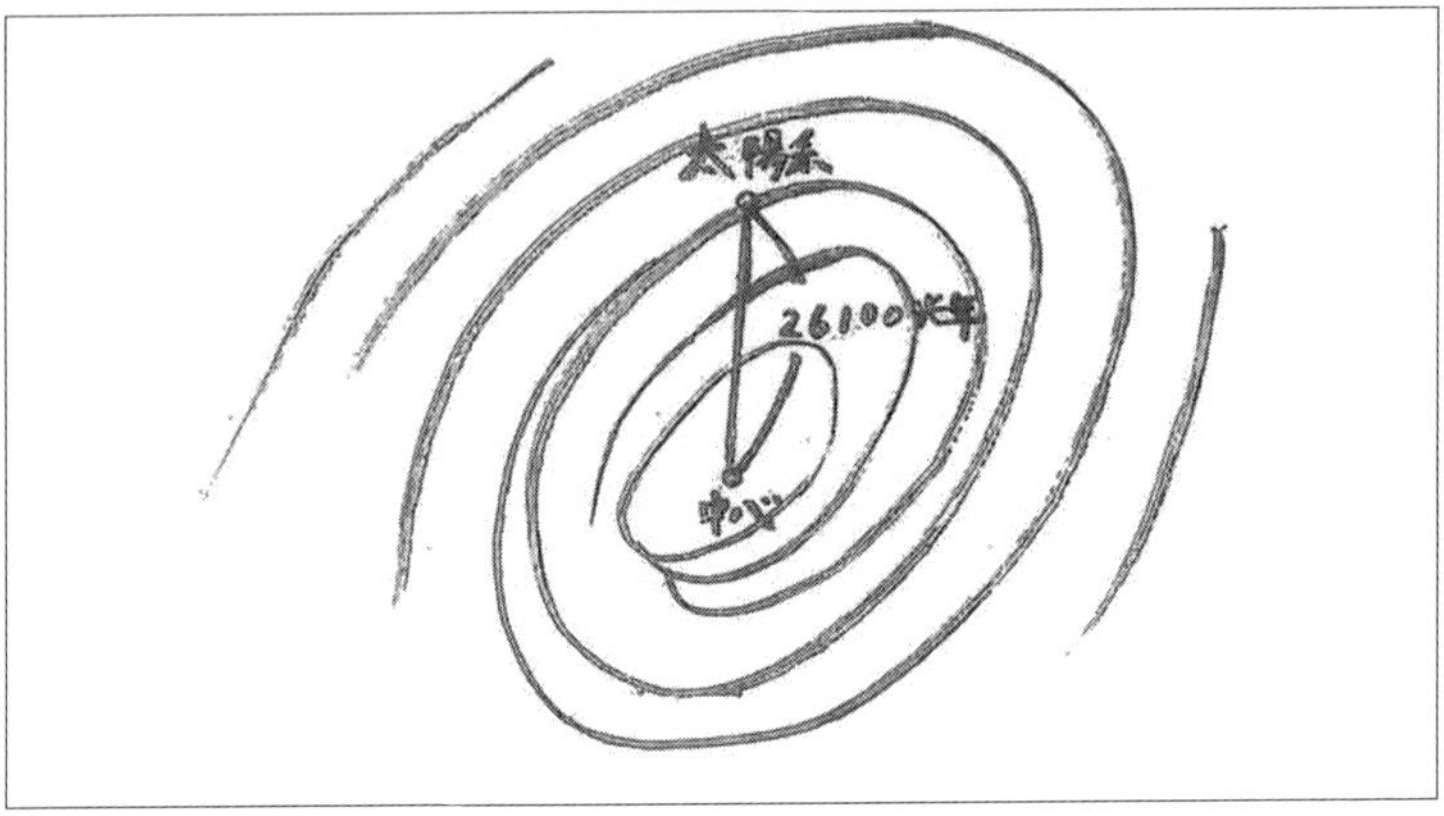

⑵　理想的な住所

太陽系は天の川銀河の理想的と云える領域にあります。銀河の中心に近すぎることも遠すぎることもありません。そこはハビタブルゾーン（生命居住可能領域）と呼ばれる、生命を支えるのに必要な化学元素がちょうど良い密度で存在している所です。

太陽から約1億5,000万kmの地球の軌道は、生命が生存出来る狭い領域ですが、そこでは生命が凍りつくことも焼けつくこともありません。

わたしたちの住む惑星、地球は、いわばそのような〝一等地の中の一等地〟に置かれているのです。

太陽系の中心に位置する太陽は「極めて特別な恒星」と呼ばれるように、安定した発電所として、ちょうど良い量のエネルギーを放射しています。

地球には隣人がいます。月の直径は地球の1／4を越えており、太陽系の他の星と比べ母惑星に対してかなり大きいのです。このことは地球の地軸の安定、生態系に肝要な潮の干満に大きく貢献している最高の隣人と云えるでしょう。

(3) デザインされた星

地球の自転によって生じる昼と夜の長さも絶妙と云えます。

自転速度がずっと遅ければ、長い昼の側は焦げつき、反対側は凍りついてしまいます。逆に高速回転の結果は、暴風の吹き荒れる恐ろしい世界となるでしょう。

23・４度の地軸の傾きは季節のサイクルを生み出します。気温の変化が穏やかになり、変化に富む気候帯が創り出されています。

地球のこうした生物を保護し、快適に住まわせる備えは、全くの偶然の重なりとしてはあまりにも幸運すぎると思われます。

地球は愛のある創造者によって、そこに人を住まわせる明確な目的を持って設計された宇宙の宝石にほかなりません。

聖書はこう述べています。

「天を創造された方、すなわち神

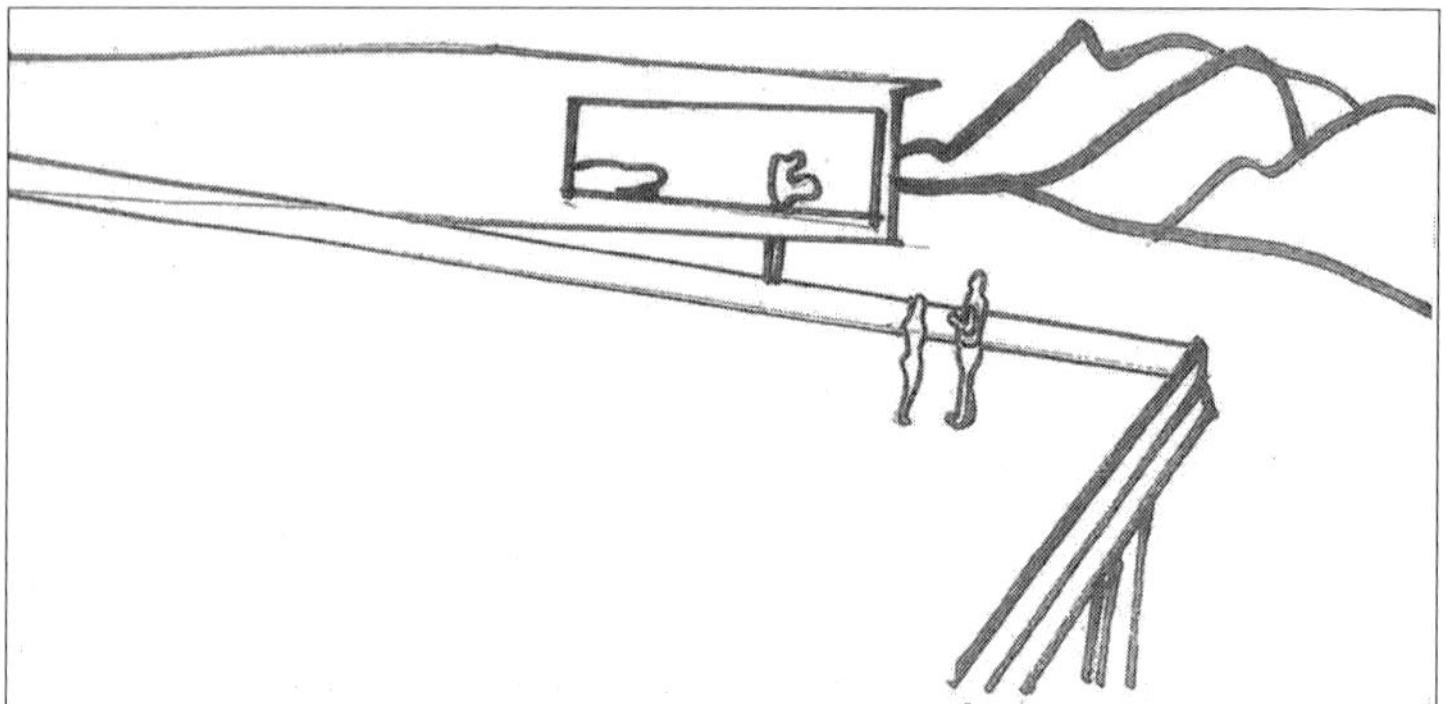

「人の住む所として形づくられた」—イザ 45：18

地を形づくり、造り上げ　固く据えられた方
地を空しくは創造せず
人の住む所として　形づくられた方
主はこう言われる。私は主、ほかにはいない。」
——イザヤ書45章18節（第1部(1)参照）

人の住処である地球が細心の準備と注意のもとに設計され造られたものであることを知り、そこから自分について学んで欲しいとの創造者（神）の思いは、地球の創造に関しての、ヨブという人物への問い掛けに表わされています。ヨブについては後にも取り上げますがBC1600年頃の人で、当然ながら一つも答えられませんでした。そうであっても、その回答が聖書に記述されている事は、神の知恵と力、愛の深遠なることを全ての人が知るべきであると示しているのです。

（神）「私が基《もとい》を据えたとき　あなたはどこにいたのか。」

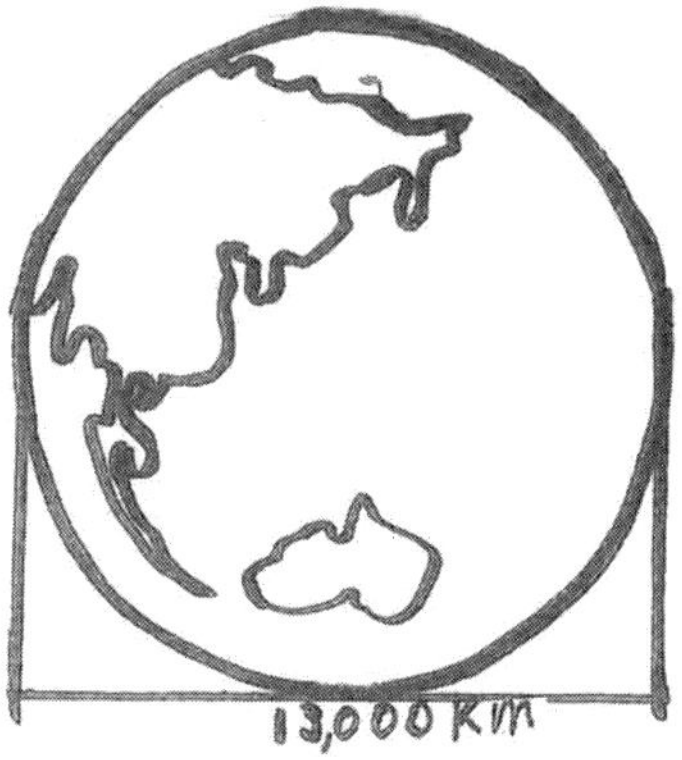

——ヨブ記38章４節

人が土地を選びその場所に家を建てるように、神は環境と安全に配慮し、地球を生命存続のための最適な場所として、銀河宇宙の太陽系を選びました。そこは天の川銀河の中、理想的な通りに位置づけられていることは前に述べた通りです。

「あなたは知っているのか　誰がその広さを決め
誰がその上に測り縄を張ったのかを。」
——38章５節

「あなたは地の広がりを悟ったのか。
そのすべてを知っているなら、言ってみよ。」
——38章18節

地球の直径は約１３，０００㎞です。これより大きいと

「地の基《もとい》は何の上に沈められたのか」

引力は大きくなり巨大な隕石が飛び込んでくるでしょう。小さかったなら、生命を構成する元素の多くは地球に届かなかったでしょう。これらは、地球外の宇宙に存在しているものなのです。

地球の大きさは重力の強さにも影響を与えます。地球の重力が小さければ、人間は筋力を余り必要としない、タコを上下に引き伸ばした様な、ＳＦ的宇宙人の恰好になっているかも知れず、重力が大きければ上下に押しつぶされた扁平な生き物として地表を這い回っていることでしょう。

さらに重力が強いと地表面の気圧は大きくなり過ぎ、弱ければ空気は宇宙へ逃げてしまいます。

人間のすらりとした立ち姿の美しさ、ジャンプや縄跳びなど心地良い運動を可能としている。ほどよい重力の星として地球は設計されているのです。

〝地の広がり〟は地球表面積の全体ではなく「陸地面積の広さ」を指していると考えるのが妥当でしょう。陸地と海洋の広さの割合は約３対７で、海水から蒸発する水の量は、この割合によりみごとなバランスを保ち、海岸線の高さは一定に保たれているのです。

「地の基《もとい》は何の上に　沈められたのか。
誰が隅の親石を据えたのか。」
——38章６節

地球は自転、公転する球体として設計され、固定される必要はありません。昼の側と夜の側の温度、大気の流れなど完全なバランスを保つ上での地球の大きさ、自転速度は綿密に設計されたものです。地軸の傾きも偶然に生じたものとは考えられません。

「あなたは生まれてこの方、
朝に命じ曙にその場所を示したことがあるのか。」
——38章12節

「光の住む所に至る道はどこか。
闇の住みかはどこか。」
——38章19節

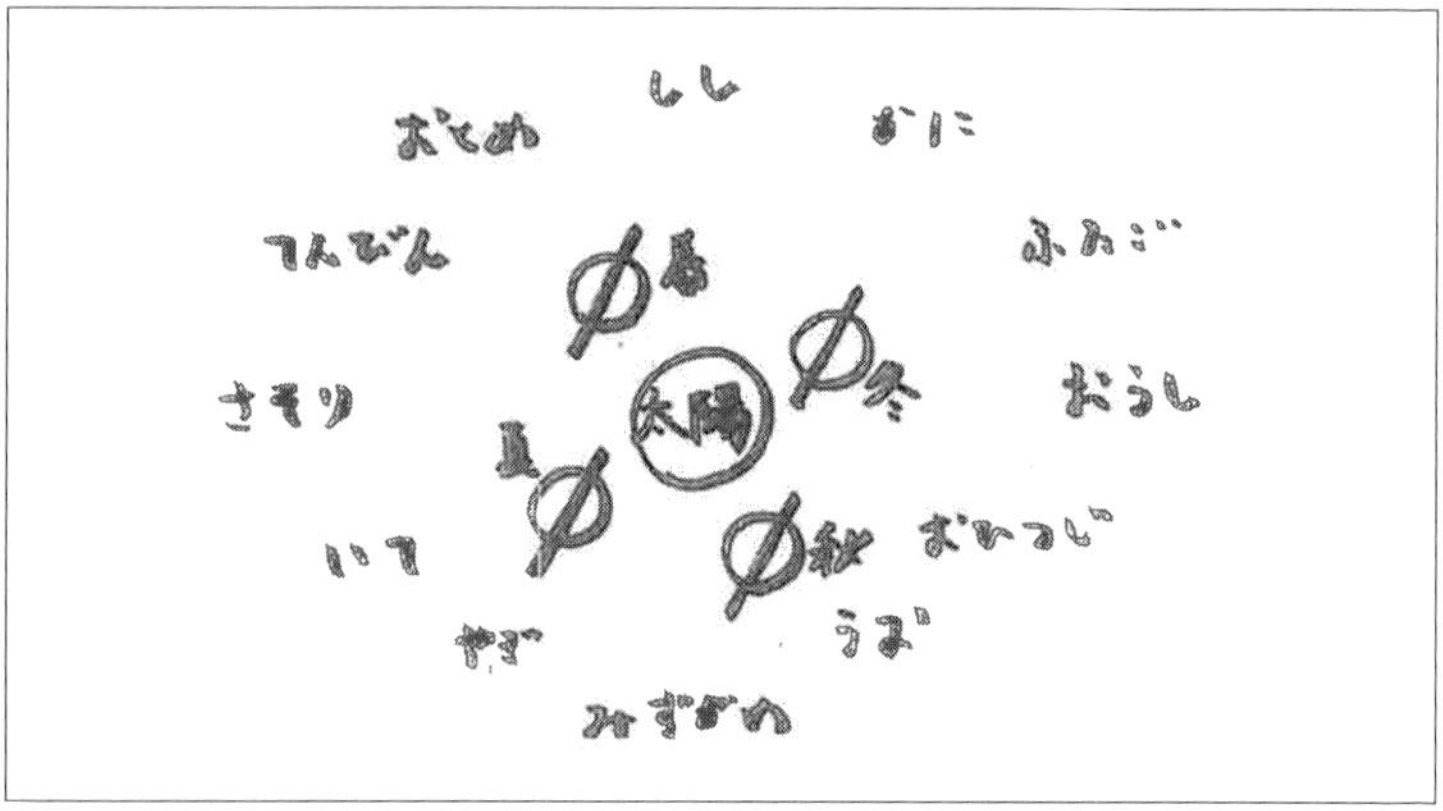

東から昇った太陽は西へ沈みます。当たり前の話ですが、地球の軌道が絶えず変動し、北や南から太陽が現れ、東や西へ沈む事態を想像出来るでしょうか。地球の自転、公転がぶれることなく完全に制御されていることに毎朝感謝出来るでしょう。

「銀河をふさわしい時に引き出し
大熊をその子熊と共に導くことができるか。」
――38章32節

星座の見える範囲も季節の変化と共に移動します。それで季節により星座の見え方は異なります。これによって、自分の今居る場所、季節を知ることが出来るのです。

季節感は生活にメリハリをつけ、潤いとゆとりを与えてくれます。四季の変化に恵まれた日本に住む人々は色彩感覚を豊かに育まれると云われています。

「あなたは天の掟を知り
　その法則を地に据えることができるか。」
　　――38章33節

地球は太陽を中心として回り続け、宇宙に飛び去ってしまうことはありません。太陽の引力と地球の遠心力とが釣り合っているからです。地球と月、人工衛星との間にも同様の力が働きます。

ケプラーは天体の運行を観察、惑星の運動法則を導き出し、ニュートンの万有引力の法則へとつながりました。

誰がこのような力を創り出したのでしょうか。人間の想像力をはるかに超越した知恵と力の存在について思いめぐらす時、計り知れない畏怖の念に打たれるのではないでしょうか。

わたしたちの住処である地球についての情報の一部をまとめておきます。

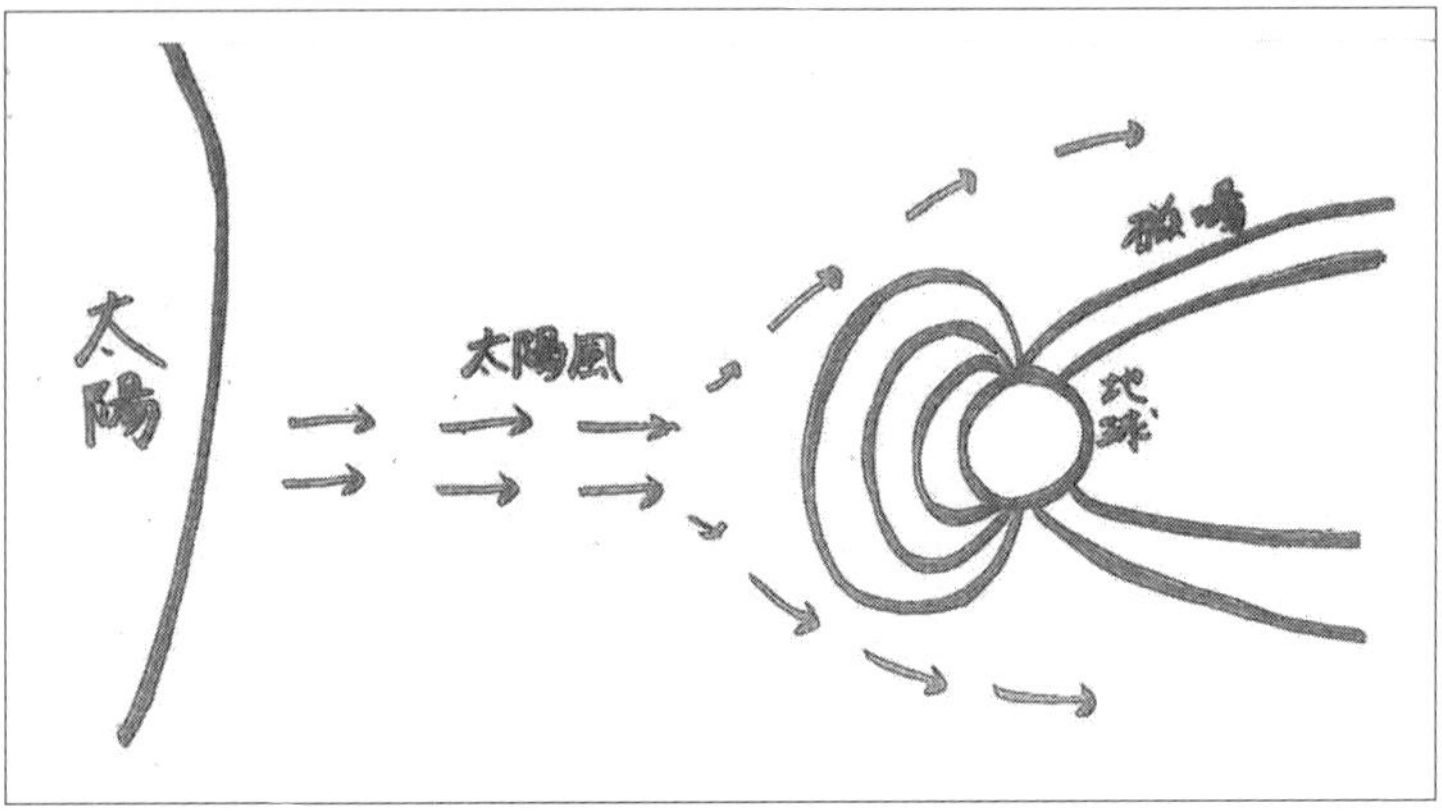

中世以降明らかにされている事柄

場　　所	真空中に浮いている
位　　置	銀河宇宙の太陽系　最適のハビタブルゾーン
大きさ	直径約 13,000kmの球体 表面積約 5,1 億km²
自転周期	一日　自転により朝夕が生じる
公転周期	365 日
傾　　き	地軸（自転軸）の約 23・4 度の傾きにより季節のサイクルが生じる
自転速度	最大約 1,700km /h　この速度により昼夜のバランスは絶妙なものとなっている
磁　　場	宇宙放射線、太陽風からの防護壁

大　　気	生物の呼吸　保温 オゾン層による紫外線の吸収　宇宙からの落下物の消滅
循環システム	生命を支える　水・炭素と酸素・窒素
誕　　生	約46億年前（推測）
（月）	地球の地軸の安定に貢献（回るコマのようなふらつきを防いでいる）　地球の生態系に必要な潮の干満を生じさせる

地球は確かに生きている星です。危険極まりない宇宙の中で、人の住処としてデザインされ設計された安全な星なのです。

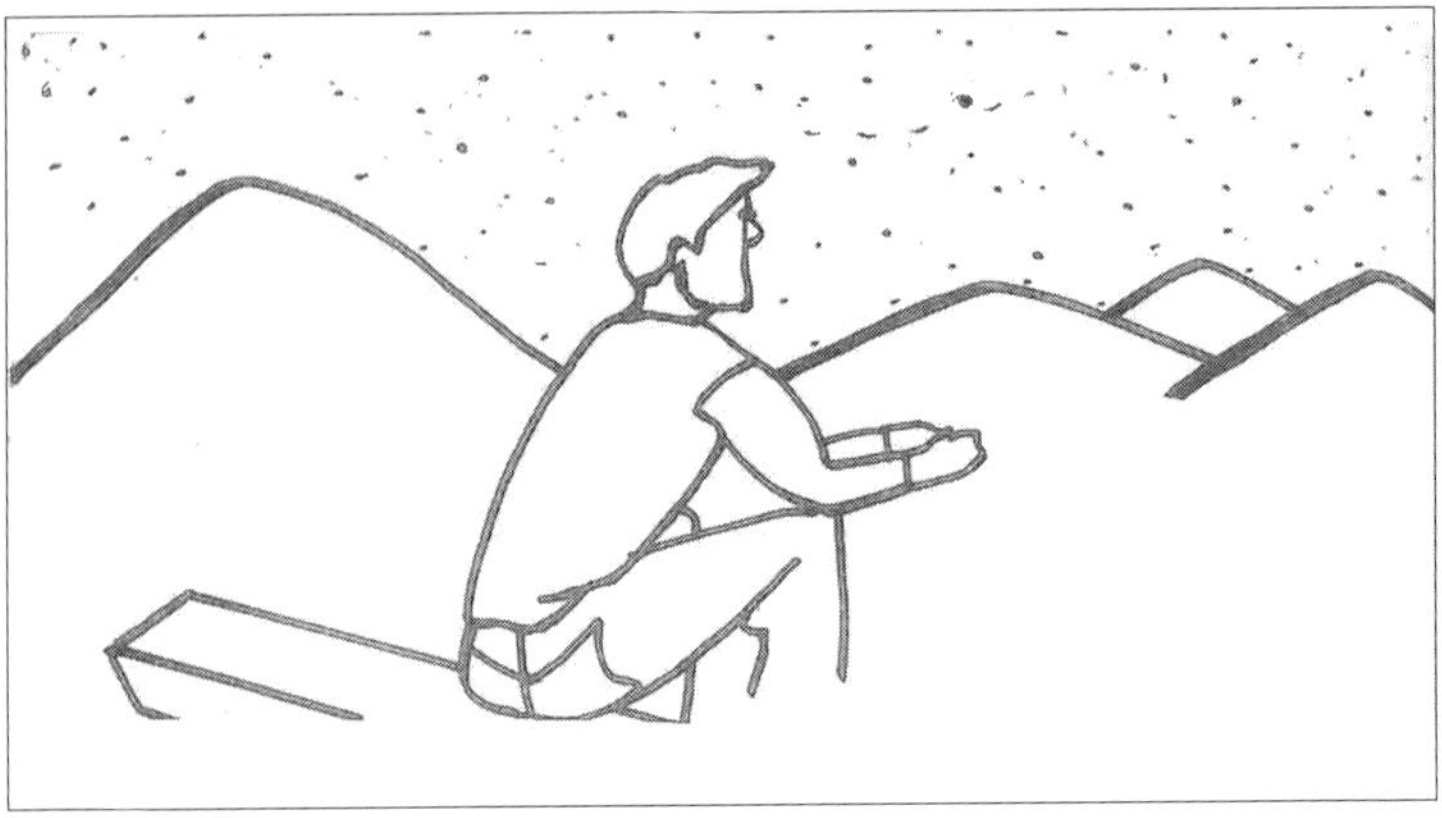

おことわり

神の王国が新しい地に何をどのように行うかは、聖書に具体例は示されていません。そうであっても、地球環境が安全で美しく快適な楽園へと変容することに疑いはありません。偽ることのない神の約束だからです。

第3部⑺でふれたように、聖書が細かな点にまで言及していない理由はほかにもあります。楽園となった地で、生きて生活することがどれほどの満ち足りた喜び、楽しさを人の心に溢れさせるか、経験した人はいません。

あえてその事を説明しようとするのは、例えば縄文時代の人に新幹線やインターネットについて理解を得ようとするようなものです。又、長期間ほとんど飲まず食わずで餓死寸前の人にいきなりアルコール飲料や鰻、ステーキを与えるようなものでしょう。その人の受け入れられる範囲内で段階的に与えられなければなりません。

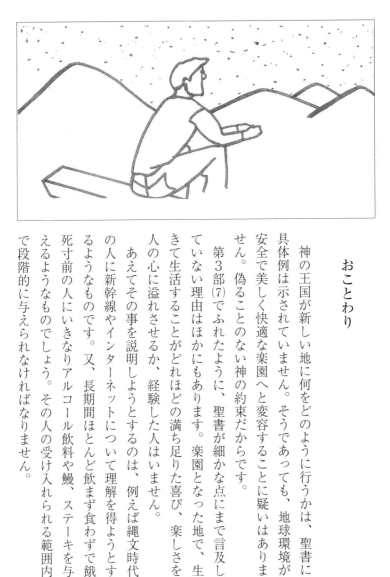

同様、神の王国も千年の期間を経て徐々に人と環境を、その施策に合わせて整えてゆき、性急に人の脳の受容力の限界を越える情報を与えることはしません。

千年統治の終わりに与えられる「命の書」には、さらに新しい事柄が、新しい地で生き続ける上での指針として示されるでしょう。

人の脳はコンピュータと違い想像力を働かせることに喜びを伴うよう造られています。神の王国の行う事柄をいろいろ思いめぐらすのは楽しいことでしょう。もちろん、新しい地で生きる上でふさわしくないものや、単なる夢想ではなく、聖書的リアリティに基づくものが望ましいと思われます。

以下の記述はそのような一つの例であり、読者も想像力を豊かに働かせ楽しむことが出来るでしょう。

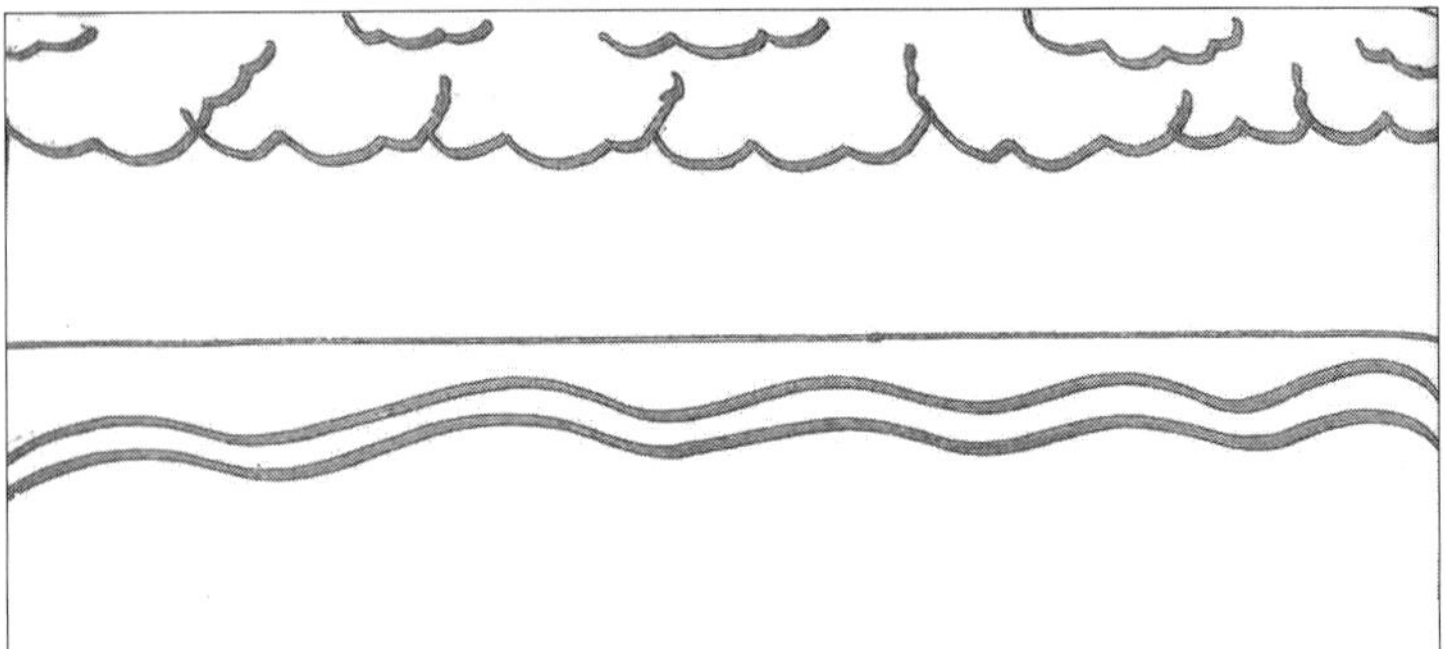

「水の中に大空があり、水と水を分けるようになれ」―創1：6

(4) 地球環境を整える

神の王国のもと、地の住民が全くの安全で快適な生活を楽しむ上で、地球環境は大きく変容を遂げるでしょう。

①気候

地球は美しい水の惑星です。陸地面積に対して地表の水は79％もあり、その平均の深さは、4，000ｍ、地表の起伏をならし、平らにしたとすると、地球全体は深さ2，400ｍの水で覆われてしまいます。

神の天地創造の業開始直前、地球は卵の殻のように水ですっぽり覆われていました。

創造の2日目、水は上の水と下の水に分けられ、その間に空間が生じました。

「神は言われた。水の中に大空があり、水と水を分けるようになれ。

神は大空を造り、大空の下の水と、大空の上の水とを分けられた。

そのようになった。」

――創世記１章６、７節

上の水はどこへ行ったのでしょうか。地表上空80㎞近辺には熱圏と呼ばれる高温層があり、上の水は高温の水蒸気として存在していたと考えられます（水蒸気は空気より軽い）。

しかしノアの時代、水蒸気として蓄えられていた膨大な量の上の水は雨となって落下しました。激しい雨は40昼夜途切れることなく降り続き、地は洪水で覆われたのです（創世記７章12節参照）。

大洪水前の気候は地表を天蓋のようにすっぽり包んだ水蒸気の温室効果により、緯度の高低にかかわらず、一様に温暖でした。赤道直下でも、極地方においても、快適で過ごし易い気温が保たれていたのです。しかし、水の落下により、天蓋は破れ急激に温度は変化し、地球上の温度分布は一様でなくなりました。

神の王国のもとで、落下した水は再び上空に揚げられ水蒸気の層を形成します。地表の水は二つに分けられ大洪水以前の状態へ戻されるのです。

地球上の何処へ行っても、温暖で快適な気候が保たれるでしょう。乾いた不毛の地、灼熱の

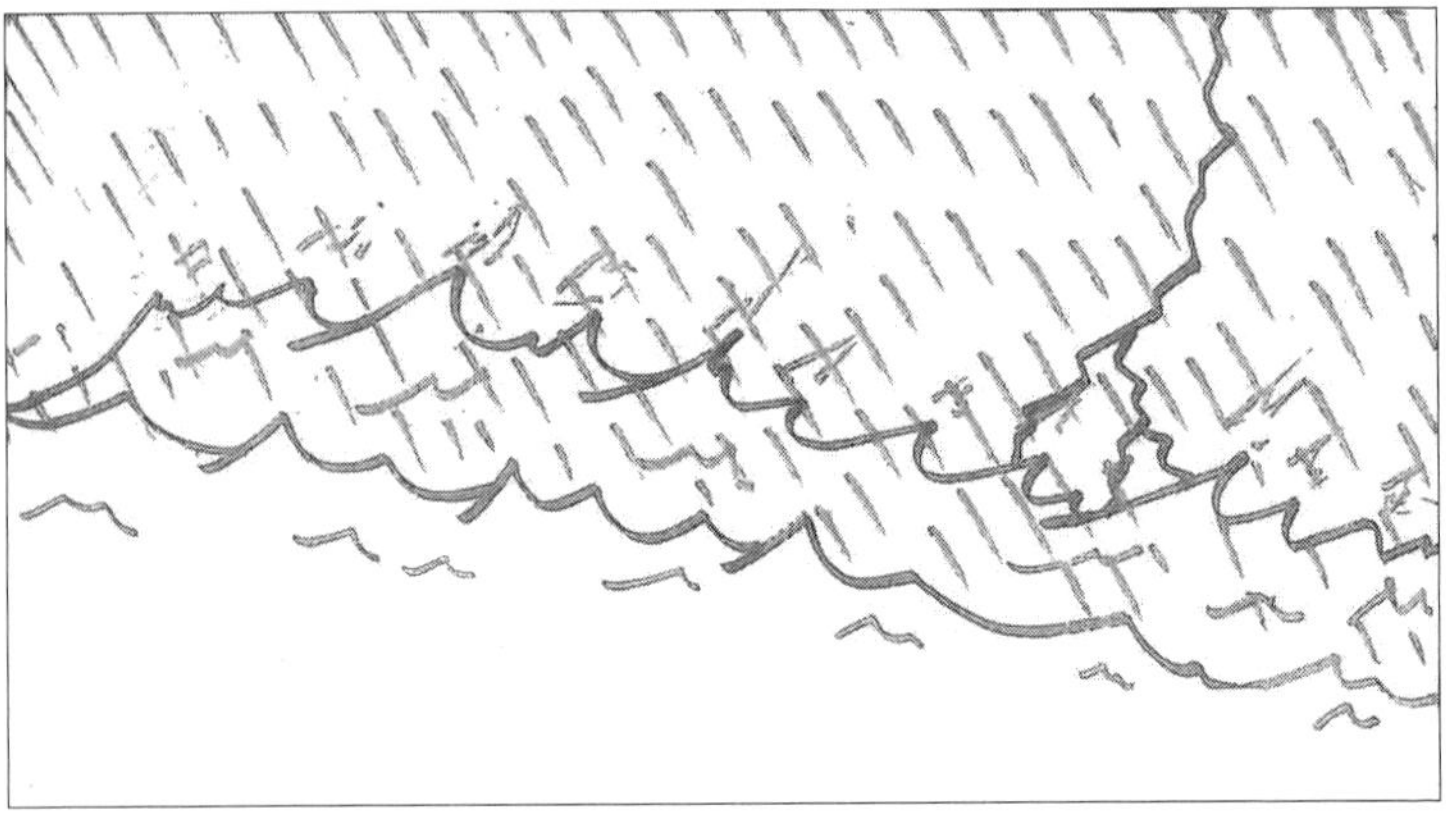

大地、人を寄せつけない極寒地帯など、ほんの一部の人のアドベンチャー、景観を楽しむ事はありますが、人にとって、本来必要としないものです。

上の水による温室効果によって、地表は一様な温度分布が保たれ、気温の急激な変化はなく、台風などの気象災害は抑制されます。上空への揚水による海水の減少は氷河、氷山などの溶けた水と相殺、海岸線の変移、塩分濃度は大きく影響されることはないでしょう。

自然界において雪や氷の見られないことに、観光や冬のスポーツに郷愁を覚えることがあるかも知れません。しかし、一部の人々の楽しみよりも人類全体の福祉が優先されるのです。

――。――。――。――。――。――。――

ノアの時代の大洪水は本当にあったのでしょうか。

洪水の痕跡は極地方に多く見られます。普通では一緒に生活することのない動物の遺骸や骨が幾千幾万も同じ場所から掘り出されています。骨の状況から動物たちは皆同時

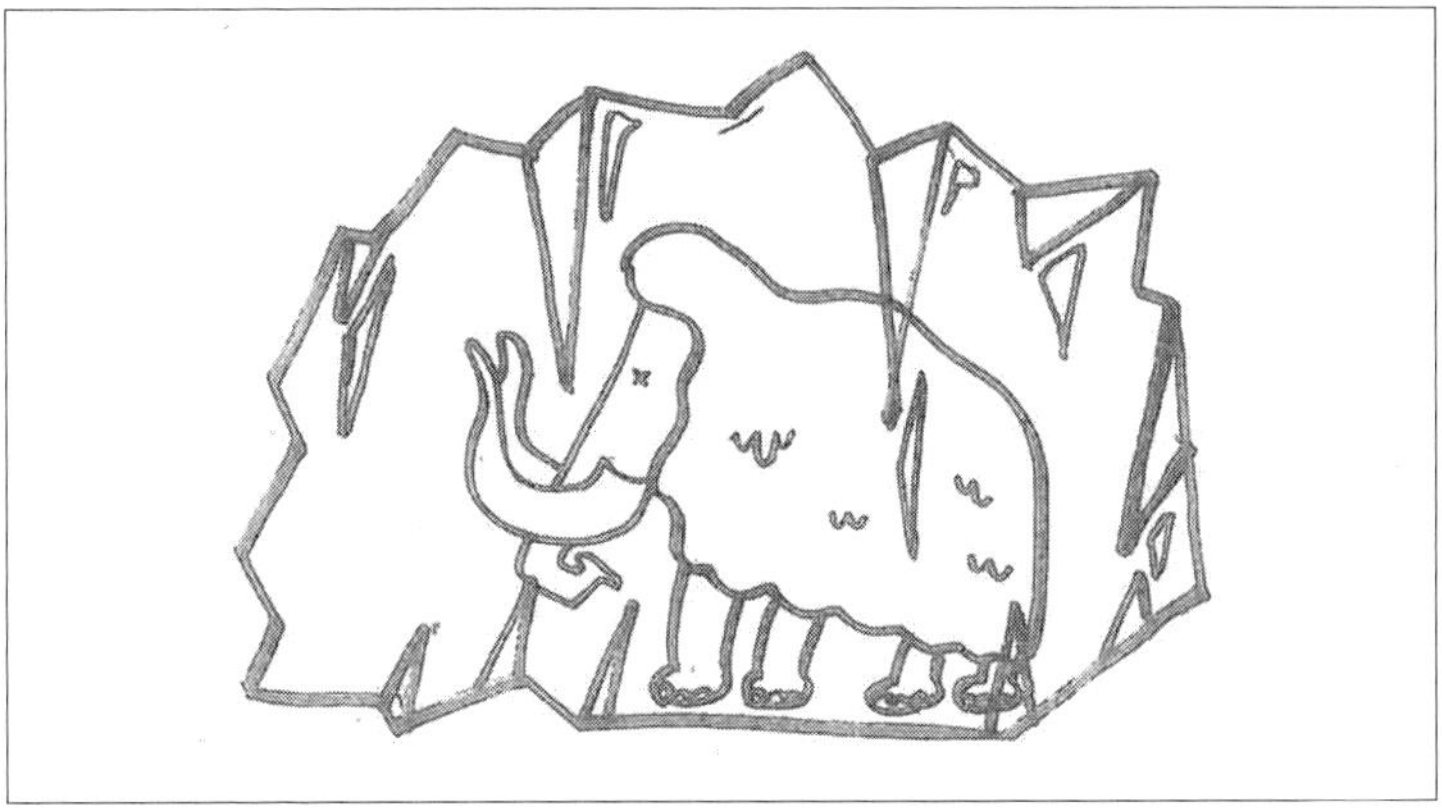

に死に、何か巨大な力で押し流されたものと見られます。こうした骨の穴はアラスカだけでなく、世界中で見つかっているのです。

さらに普通では寒い土地には住まない動物の死体が北方の極寒地帯から幾万も掘り出されています。そうした動物の胃の中や歯の間には、緑草や小花が完全に保存されていて、マンモスの胃の中には未消化の草が残っていました。

このような事は、そうした草木、果樹の育った温暖な地で、動物たちが食んでいた時、大災害が襲来し、極地方は突如として極寒の中へ投げ込まれ、動物たちはそのまま氷の中へ閉じ込められたと考えられます。

洪水伝説を持つ民族の存在は地上の至るところに見られます。中央アジアや中央メキシコなど海浜から遠く離れた山岳乾燥地帯に住む民族も洪水の記録をとどめているのです。

日本に伝わる浦島伝説には興味深いものがあります。亀の背に乗った浦島太郎が海の中へ、竜宮城へと渡って行く

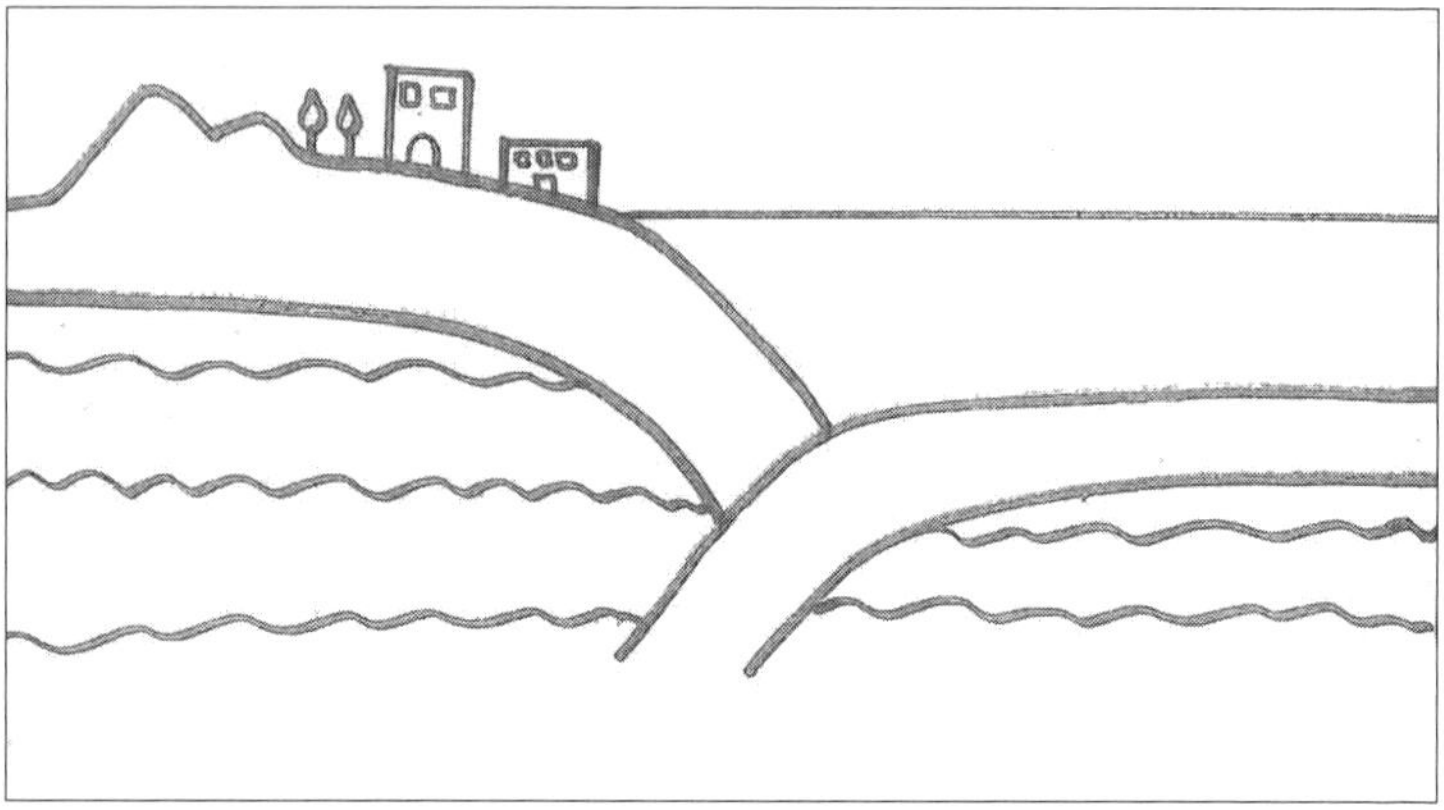

様は洪水の記憶をとどめています。
　この伝説の起源は中国とも云われますが「日本書紀」「万葉集」の時代に書かれたようです。聖書に記されている出来事が大陸経由で断片的に伝わって来たものと思われます。

――。――。――。――。――。――。――

②災害と環境破壊

地震・津波や噴火など、生存を脅かし危うくする災害は、地殻プレートの移動やマグマの噴出によって引き起こされます。卵の殻がひび割れたようなプレートは不気味な存在です。

　神の王国のもと、割れ目の全くない一枚プレートが地球の最上殻として形成され、プレートの移動、マグマの噴出を封じ込めます。プレート内部や周辺部、マントルからの湧昇流など地表への熱の上昇は抑えられます。

　生物生存へ大きな脅威となっている核兵器はもちろんのこと、原子力の使用などは神の王国には不要なものです。

さらに、環境破壊の要因として挙げられているのは、海洋汚染、森林の減少があります。これらは現行の経済体制、生活様式が生み出している宿命的な結果と云えるでしょう。それとして、産業廃棄物、生産―流通―消費の各段階で、家庭ゴミ、食品ロス、地球温暖化の元凶と問題になっているCO_2の排出などがあります。

そして、人口増に伴う経済発展、消費者ニーズの多様化が拍車をかけています。なぜこれほど多くのゴミが出るのでしょうか。

今日における経済体制、生活様式そのものが生み出していると云えるでしょう。人口の都市集中によるマクロ消費圏はその典型的表れでしょう。住民の費やすエネルギーコストは膨大なものとなります。つまり、消費のみならず生産、流通各段階においてもゴミは発生し大量になるということです。

グローバル経済における物の移動＝生産―流通―消費の各段階で発生するゴミの多くはプラスチック容器、ペットボトル、レトルト容器などです。軽くて丈夫で安価なプラスチック、合成樹脂製品は便利さの反面、廃棄物としては厄介です。

もちろん、カン、ビン、段ボールなどのリサイクルし易い容器もありますが、冷蔵、冷凍技術の進化、物流システムの発展、輸送手段の増強などにより、消費のニーズ、生産意欲は高められ、豊かと云われる国では食品そのものの廃棄が問題となっています。

電力・ガスなどを生み出すためのエネルギー資源からの副産物の環境への影響も見過ごすこ

とは出来ません。

人間が利便性を目的として造り出す物は、マイナスの側面を併せ持つことを、人間自身経験を通して知っています。本来の使用目的にそぐわない誤用、不正利用が大きな要因であるとしても、人間の持つ不完全さを痛感させられます。

対照的に、創造者の地球上に設けた備えは環境に配慮した完璧なリサイクルです。〝光合成〟を取り上げてみましょう。

葉緑体を持つ植物は、動物の呼吸により排出されたCO_2を太陽からの無尽蔵の光エネルギーと水とを用いて、酸素を放出し、無機物から有機物（デンプン）を造り出します。雑音もなく静かに進行し、その働きに誰も気が付きません。微生物やバクテリアも資源のリサイクル、土地の浄化に欠かせない存在です。

酸素同化（炭酸同化）作用の着目すべき点として、この作用は人の与える肥料などに依存せず、植物や藻類によって環境を害することなく、命を支える酸素を供給している事です。

　このような創造者の示している原則に則し、神の王国における生産と経済活動、エネルギー、交通などについて取り上げてみましょう。

第5部　楽園《パラダイス》での生活基盤

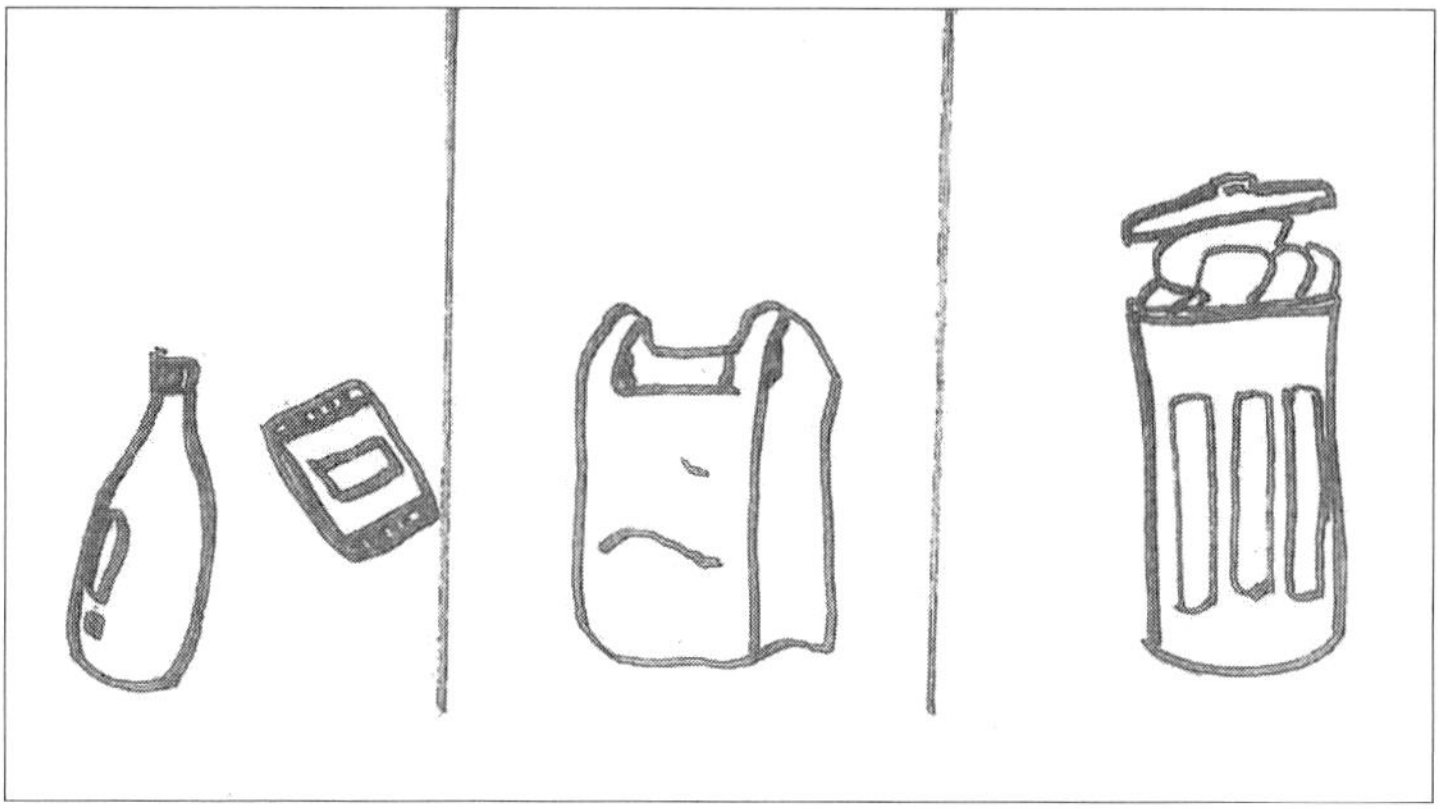

(1) 生産活動と経済

神の王国政府は新しい世で生きる人々の安全を守り、暮らしに何も不足することなく、快適に生活出来るよう、地球環境を整え、気象をコントロールする事をその施策の第一歩とします。

環境問題と切り離せないのはゴミ処理の問題でしょう。今日のグローバル経済のもと、生産─流通─消費の各段階で、それぞれ処理しきれない大量のゴミが発生することは避けられません。市場型経済に於いては、商品・食料品の集荷と出荷、移送と保管、販売と購入でそれぞれ多大のロスが出るものです。

神の王国の経済体制は「自給自足」が基本となります。集約的な生産拠点を設け、需要を満たす物もありますが、流通に依存しない「自家生産」が原則です。

古代人は狩猟と採取で食物を得て生きていました。しかし、今日に於いてはそのような生活を可能とするような自然は残されてはいませんし、人口も増えています。空腹を満たし必要な栄養を十分に摂ることは出来るのでしょうか。

この問題を考える上で、人類最初の人間夫婦アダム、エバがどのような生活をしていたかを思いめぐらすのは良い事です。

当初二人はエデンと呼ばれた園の中に置かれました。そこでは数え切れない種類の草木が絶えることなく、その実を熟させ、二人は好きな時に好きなだけ食べることが出来たのです。しかし、そのような生活は続きませんでした。第1部(4)で述べたように二人は神の恵みを失いエデンを追い出され、園は消滅し、全地をエデンの様な楽園とする目的は失われてしまいました。

それ以降、人間は汗を流して地を耕し、水と肥料を施し、収穫の心配をするようになりました。聖書の記録はこう述べています。

「神は人に言われた。あなたは妻の声に聞き従い
取って食べてはいけないと　命じておいた木から食べた。
あなたのゆえに土は呪われてしまった。
あなたは生涯にわたり苦しんで食べ物を得ることになる。

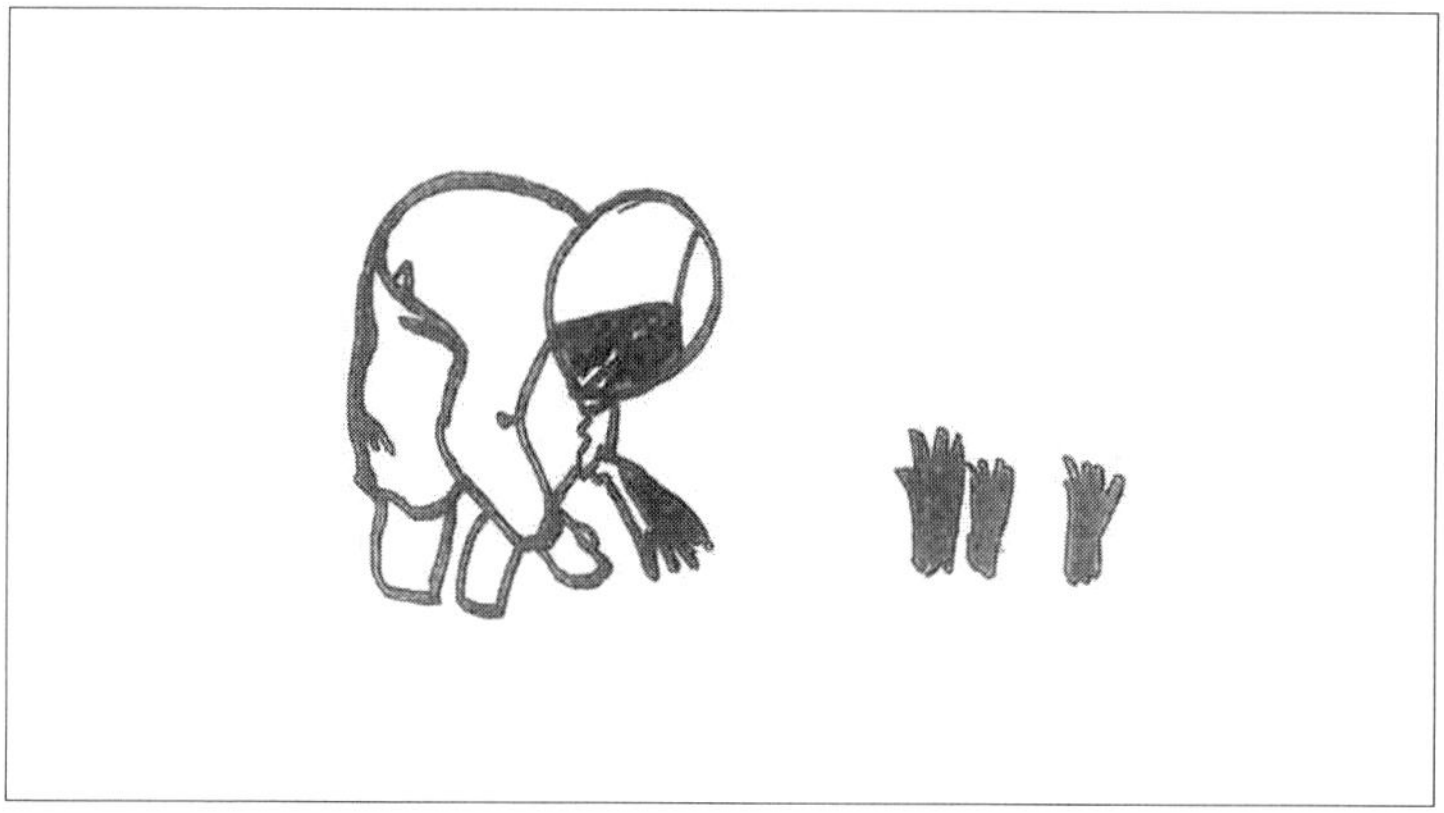

土があなたのために生えさせるのは茨とあざみである。

あなたはその野の草を食べる。

土からとられたあなたは土に帰るまで

額に汗して糧を得る。

あなたは塵だから塵に帰る。」

――創世記3章17―19節

自給自足の経済は確かに流通に係るゴミを大きく減らせるでしょう。しかし食物を全て自家生産で賄う事など考えられないと、殆どの人は思うことでしょう。しかしこれには、聖書的な根拠があるのです。

エデンの園でアダムとエバの食べていたもの、それは果実と穀物、豆類と思われます。それらは〝自然〟に生えている草木の産物でした。彼らは耕すことなく、水や肥料を与えることもなく、目の前に熟してあるものをただ取って食べるだけで良かったのです。

それら産物の主成分は糖質（炭水化物）で太陽（光エネルギー）と水とCO_2により、人が手を加えることなく、〝光合成〟により生み出されるものです。

二人は病気とは無縁の完全な健康体を保ち、園を追い出されるという悲惨な事態を自ら招くことがなければ、今でも全人類の父祖として生き続けているでしょう。

当時の彼らの食していた園の産物には、人間が生きるために必要な栄養素（糖質・脂質・タンパク質・ビタミン・ミネラル）の全てが十分の量含まれていたと思われます。

さらに注目すべきこととして、二人は肉類を食べていませんでした。

肉を食べなくて大丈夫だろうか。ヤキトリにビール、ハム・ソーセージ、温かいご飯にロースとんかつ、食べる楽しみが無い。正直なところでしょう。ベジタリアン、ビーガンと呼ばれる菜食主義の人たちの健康、寿命などについての追跡調査はまだ十分になされていません。

実のところ、大洪水前の人々は（当時の全人口は国連の調査資料によると3，000万人程度と推計されます）肉を食べてはいなかったのです。肉を食べることは神より許された一時的な取り決めに過ぎません。大洪水により草木、果樹から食物を得ることが出来なくなり、肉を食べることが許され、狩猟が始まりました。神はこう述べています。

「命のある動き回るものはすべて、あなたがたの食物となる。
あなたがたに与えた青草と同じように、
私はこれらすべてを　あなたがたに与えた。」
——創世記９章３節

食べることは人が生きる上で必要であり喜びです。しかし、食べ方や食料配分の仕方は是正されなければならない点があります。

富裕層と呼ばれる人々が美食を楽しむ一方、一日１食の人々も少なくなく、世界の飢餓人口は８億２，０００万人もいるのです。

さらに世界の生産量年40億トンの１／３、13億トンの食品が棄てられています。食品ロスはゴミになるだけでなく、廃棄にも多額の費用が必要です。

流通市場を介さない、自家生産—自家消費の経済は、ロスを無くし、ゴミを各家庭で処理で

きるまでに減らすのです。
　生産性について考えてみましょう。例えば米の一人当たりの年間消費量は年々減少傾向にありますが、四～五人家族で年に６００kgほど食べるとして、１，０００㎡の良田、年一回の収穫が必要です。
　神の王国に於いては、稲穂は今日の何倍もの実を付ける事でしょう。作付けの密度は濃いものとなり、単位面積あたりの収量は飛躍的に増え、年に幾度も収穫できるので貯蔵の必要はありません。聖書はこう述べています。

「川は都の大通りの中央を流れ、
　その両岸には命の木があって、
　年に12回実を結び、毎月実を実らせる。」
　　　　――ヨハネの黙示録22章２節

　このような恵みは他の全ての穀物、野菜、果物などにも及ぶので、その日食べる分だけを取ればよいのです。

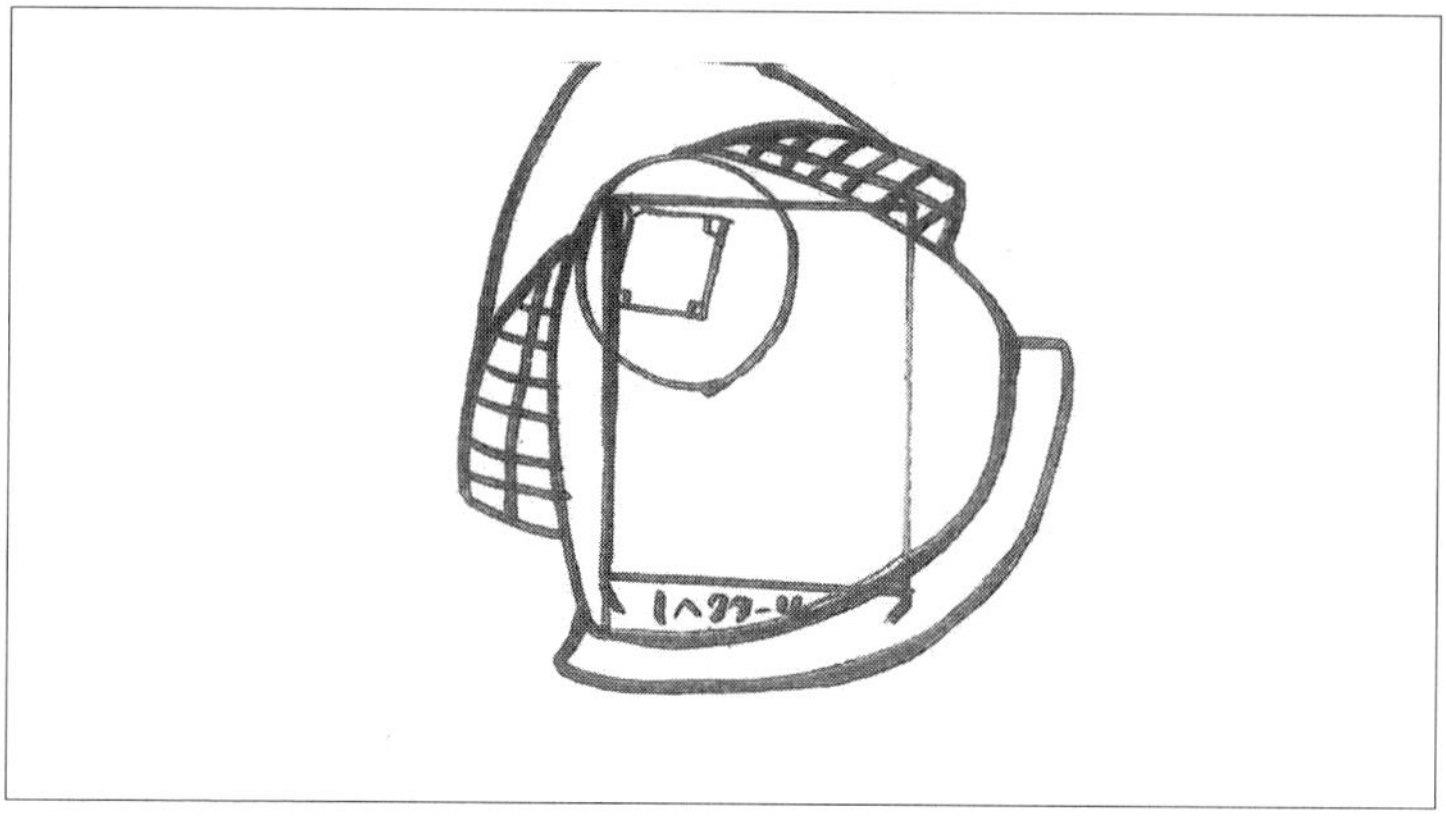

そうであっても、全ての人が十分の食料を得られる広さの土地は確実に配分されるのでしょうか。その点を考えてみましょう。

(2) 土地の広さと人口

今日、地球上の陸地面積は１・５億㎢弱、極地や砂漠などを除いた居住可能地はその88%と算定されます。

ヘクタールに換算しますと、１５０×０・８８＝１３２億ヘクタール。農地や公共地30%を差し引いて92・４億ヘクタールが居住可能地の面積です。

人口75億人として、一人当たりの面積は９２・４÷75＝１・２３ヘクタール（１２,３００㎡）四人家族では１・２３×４＝４・９２ヘクタール、この広さは東京ドームの面積（建築面積）４・７ヘクタールを越えるものです。

今日でさえ、これだけの土地面積が地球上にあるのです。それに現在存在している人（75億人）の全てがそのまま新しい地へ移行するのではありません。生きたままハルマゲドンを通りぬけ、楽園の住民となる人々はある特定のグループに限られるでしょう。このグループに加え、復活により地上へ甦えらされる人々もいます。これら両グループの人数は分かりませんが、自給自足によって食物を得るに十分の広さの土地を配分される事は間違いないでしょう。

ハルマゲドンを生きて通過する人々の資格や人数を考える上で、紀元前に起こった大洪水と「ノアの方舟」についての創世記の記述は洞察を与えてくれます。方舟に入り大洪水を生き残ったのは「すべて神が命じられた通りに行い」方舟を造った敬虔な人ノアとその妻、三人の息子とその妻たち計八人でした。

大洪水の始まった年は、創世記の記録からBC2370年と算定されます。当時の世界人口は研究者によりまちまちですが、国連の調査資料による推計値として報告されています。

BC	
4000	700万人
3000	1,4000万人
2000	2,7000万人

当時の人口と生き残った人たちの割合を、そのまま今日の人口75億人に当てはめ、ハルマゲドンを生きて通過する人を計算するのは意味がないでしょう。確かな事として、生きたまま新

しい地へ入る人の数の割合は少数であり、過去に生まれ亡くなった人についても、その全ての人が復活してくることもありません。

よくある質問として、今でさえ人口は増え続けているのに、人は死ななくなり、すでに無くなった人が生き返ってくるとしたら、地球はオーバーフローの状態になってしまうのではと云うものです。

人口増加率について興味深い物語があります。

約束を破り禁を犯し、自ら破滅を招く伝承、物語の記述として、第２部⑶で古事記を挙げておきましたが、その中でイザナギ、イザナミ二柱の神が日本の人口の増減について論じ合うくだりには興味深いものがあります。

イザナミは夫イザナギに、

「あなたの産ませる子を一日千人殺します」

イザナギは黄泉の住人となっているイザナミに、

「わたしは一日に千五百人の子を産ませる」

ヒステリックなドラマが実現したものかどうか分かりま

せんが、仮に古事記の完成したAD726年から1300年を数えますと、

500×365×1,300＝237,250,000

と、現在の126,860,000（2019年）の2倍近い人口となっているはずです。

実際にはそうなっていませんし、日本以外にも人口の減少している国もありますが、地球規模での人口の推移と推計から

2020年　7,578（100万）人

年平均人口増加率0・97％

2050年　9,076（100万）人

年平均人口増加率0・38％

増加率は減少傾向が見込まれるとはいえ、どこまで増えてゆくものか確実なところは云えません。

創造者は確かに「産めよ、増えよ。地に満ちよ」と命じましたが、楽園となった地球にどれほどの人が住むことになるか示してはいません。

そうであっても心配することはありません。

創造者（神）は物事全てを完全なバランスをもって扱い、平衡を欠くことはありません。適正な人口は維持されなければなりません。地上に住む人全ては完全な平和と一致の内に摩擦やトラブルなどを生じることなく、十分の広さの土地で満ち足りた幸福な生活を楽しむ、これが創造者の願いなのです。カップにコーヒーを溢れるまでも注ぎ続け、食卓を台無しにしてしまうような事はありません。

楽園となった地においても、ある期間人口は増え続けるでしょう。最終的な人数は明示されていませんが、ある時点で生殖は止むに違いありません。

子供のいない、大人だけの世界は味気ないのではと思うかも知れません。しかし、子供は一挙に姿を消してしまうわけではなく、その成長につれて徐々に数を減らしてゆくものです。大人も子供もそのような環境に次第に慣れてゆくことでしょう。子供の大人への仲間入りを喜ぶ感情が勝ってゆきます。

子育ては報いと喜びの多い仕事ですが、楽園の地では、沢山の仕事や趣味、学ぶこと、研究したい分野があるのです。

人間以外の動物についても、創造の始めの時のような大量の発生は必要がなく、その繁殖は抑えられるでしょう。魚類に見られる卵の数の多いことには驚かされますが、これは海洋全体に魚を早期に増やすため、また大量の食餌の必要からでした。しかし、魚は既に世界中の海に拡がっているので、大量の卵を産むことは抑えられ、魚の食物として、植物性プランクトンが必要量備えられ、食物連鎖のようなものは姿を消すでしょう。

(3) エネルギー

今日における社会生活の根幹とも云えるエネルギーは、多岐にわたる制御システムを介し、電流と云う形で送られて来ます。動力を必要とする様々な機器、装置のエネルギーは電気に集約されつつあります。

電気は扱い易く、クリーンで安全なエネルギーです。それで楽園においても有用です。動力、照明、通信、冷暖房、調理など広い用途があります。

今日、世界で試用、実用化されている発電方式は色々ですが、その発電効率（入力エネル

ギーに対する有効出力、熱換算）は39％程度、ソーラー発電の場合、最高でも20％をこえていません（全世界の平均）。

電気エネルギーは人間がより快適で便利な生活を送れるよう、他の用途と併せ、予め創造者が備えてくれていたものです。

電力は宇宙から、地上全域に亘り、美しい青空の妨げにならないよう、遥か上空に設置された太陽エネルギー発電装置からワイヤレス送電されます。

自給自足の経済に於いても物によっては集約的に生産し、個々の家庭へ移送する方が効率的です。生産拠点、ターミナル、運搬手段などへの給電も行われます。電力は完全な管理システムによりコントロールされ、ロスを生じることはありません。

⑷ 交通・運輸

人や物の移動手段としての花形は航空機でしょう。今日世界の空を飛ぶ物体の数を性格に把握することは困難ですが、用途種類は様々であり、定期便だけでも昼夜を問わず10～15万機が毎日飛んでいると云われて来ました。

膨大な量の化石燃料を費やし、CO_2、NO_x、ＰＭなどを排出、雑音を撒き、トラブルは後を絶ちません。

自動車も、静かな車が増えてはいますが、電気、水素エネルギーを得るには、化石燃料はもとより、多くの資源が費やされ、大気は汚染されています。

道路は人が安心して歩ける道ではなくなり、世界中で年間１５０万人もの人々が、24秒に一人の割合で死亡し、子供や若者の死因の1位を占めています。

自動操縦アシストにより、人的ミスによる事故の軽減を期待する声は大きく、実用化の段階へ近づいていますが、自動車の存在そのものが地球環境へダメージを与えるものとなっているのです。

人の体は高速で移動するようには造られてはいません。限られた時間の中でしか生きられない人間の焦りは悲惨な事態を招くことが多いのです。

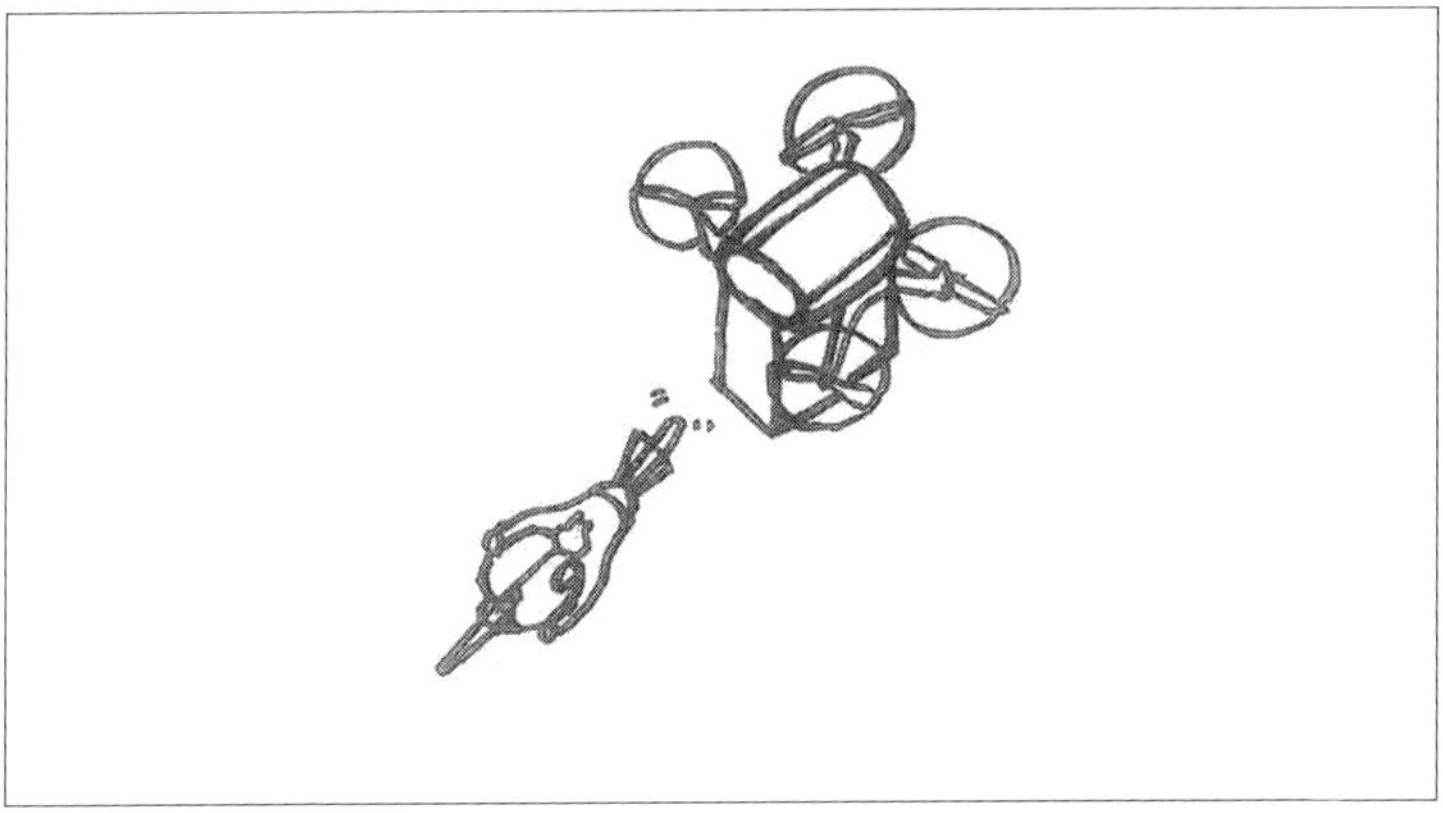

新しい地では人は時間の制約から解放されています。短時間に急いで移動しなければならない理由はないのです。自動車は姿を消し、専用道路は無くなり、騒音も大気汚染もありません。

空中を移動する飛行物体は電気エネルギーで動く運搬用ドローンのみになるでしょう。安全性、静粛性に十分に配慮されたものとなります。

このドローンは各家庭で用いる生活物資（食料品以外の備品、布地など）を生産拠点から配送するのに用いられ、安全な自動制御で運用されます。

人の乗り物として、自転車、カートで十分です。急いで行くことも団体で出掛ける必要もありません。遠くに住む人とは常時ホログラフィーによって会話を楽しめるので、直接に合う必要は殆どありませんが、訪ねるための旅行を楽しむことが出来ます。

自転車、カートを乗り継ぎ、宿泊を重ねながら旅行するのです。全ての家は喜んで歓迎何日でも滞在を楽しみます。

自転車、カートには、送られてくる電気エネルギーによるアシストモーターが備えられ、安全で快適に走れる道路が、人も歩けるよう家から家、各ブロックを繋いでいます。

ＳＦに描かれる未来型都市、高層ビルを縦横に貫く回廊、虫のように翔び廻るカプセル型の乗り物、このようなものは、人間本来の生活に全く不要と云うものです。

大陸間の移動に、安全な速度で航行する船舶が用いられますが、大型船や高速艇は必要がなく、電気エネルギーで推進し、乗客の安全はもとより、港湾の環境、海洋生物の保護に完全に留意し、自動で航行します。

鉄道は用いられません。

第6部

変化に順応する

「もはや戦いを学ぶことはない」―イザ2：4

(1) 役割を終える

今日、わたしたちが日常的に接しているものの大半は姿を消すでしょう。楽園での生活に必要の無い、平和と安全を脅かすもの、心身の健康を損なうものや風俗習慣などです。

軍備、兵器、銃器、刀劔（観賞用も含む）ミサイル、ロケット、核

「主は国々の間を裁き多くの民のために判決を下される。彼らはその剣を鋤にその槍を鎌に打ち直す。国は国に向かって剣を上げずもはや戦いを学ぶことはない。」

――イザヤ書2章4節

病院、薬局、医療関連設備、墓、葬儀関連設備

「目から涙をことごとく拭い去ってくださる。もはや死もなく、悲しみも嘆きも痛みもない。最初のものが過ぎ去ったからである。」

——ヨハネの黙示録21章4節

「住民は、私は病んでいるとは言わず、そこに住む民は罪を赦される。」

——イザヤ書33章24節

「このことで驚いてはならない。時が来ると、墓の中にいる者は皆、人の子の声を聞く。そして、善を行った者は復活して命を受けるために、悪を行った者は復活して裁きを受けるために出て来るであろう。」

——ヨハネによる福音書5章28、29節

＊裁きへの復活とは、復活した後の行いによって裁かれることを意味するものです。

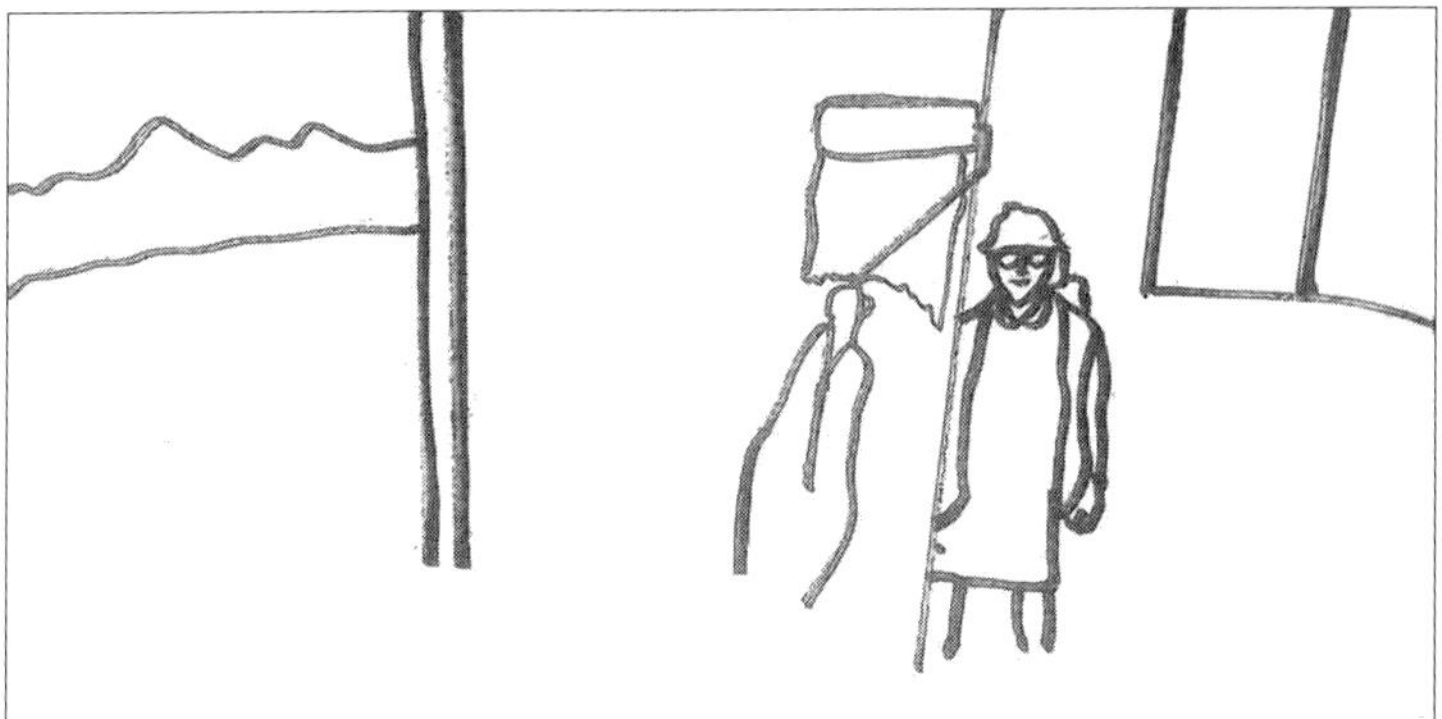

「彼らが建てて別の人が住むことはなく」—イザ65：22

アパート、マンション、団地、高層ビル

「彼らは家を建て、住み、ぶどうを植えて、その実を食べる。

彼らが建てて別の人が住むことはなく……。」

—イザヤ書65章21、22節

航空機の発着、緊急車両のサイレン、デモ、宣伝カー、応援合戦、ライブ、イベント

今日騒音と喧噪に囲まれた生活は我慢と忍耐を強いられ、ストレスは募る。

自ら不快と感じる音源は人為的なもの。本来人の耳に入るべき音ではない。

危険なスポーツ	ボクシング、バンジージャンプ、クライミング、サーカス、曲技体操、スピードレース、
格闘競技	順位を争い競争心を煽るのは、スポーツ精神を逸脱している。スポーツは本来、身心を爽やかにし、リフレッシュするためのもの。職業として給与を目的としたり、賞金を受け取り、観衆を集め名声を得たりするものではない。大会、イベントはない。

エンターテインメント（ゲーム、映画、占い）ギャンブル	悪を取り上げ強調することによりストーリーは成り立ち、人々の多くは他の人の不幸を喜び、ゴシップを楽しむ、受け継いだ罪の傾向を持つ。必ず登場するのが聖書の中で「肉の業」と呼ばれる新しい地の住民として捨て去るべき古い人格。「淫行、汚れ、放蕩、偶像礼拝、魔術、敵意、争い、嫉妬、怒り、利己心、分裂、分派、嫉み、泥酔、馬鹿騒ぎ。」（ガラテヤの信徒への手紙5章19～21節参照）

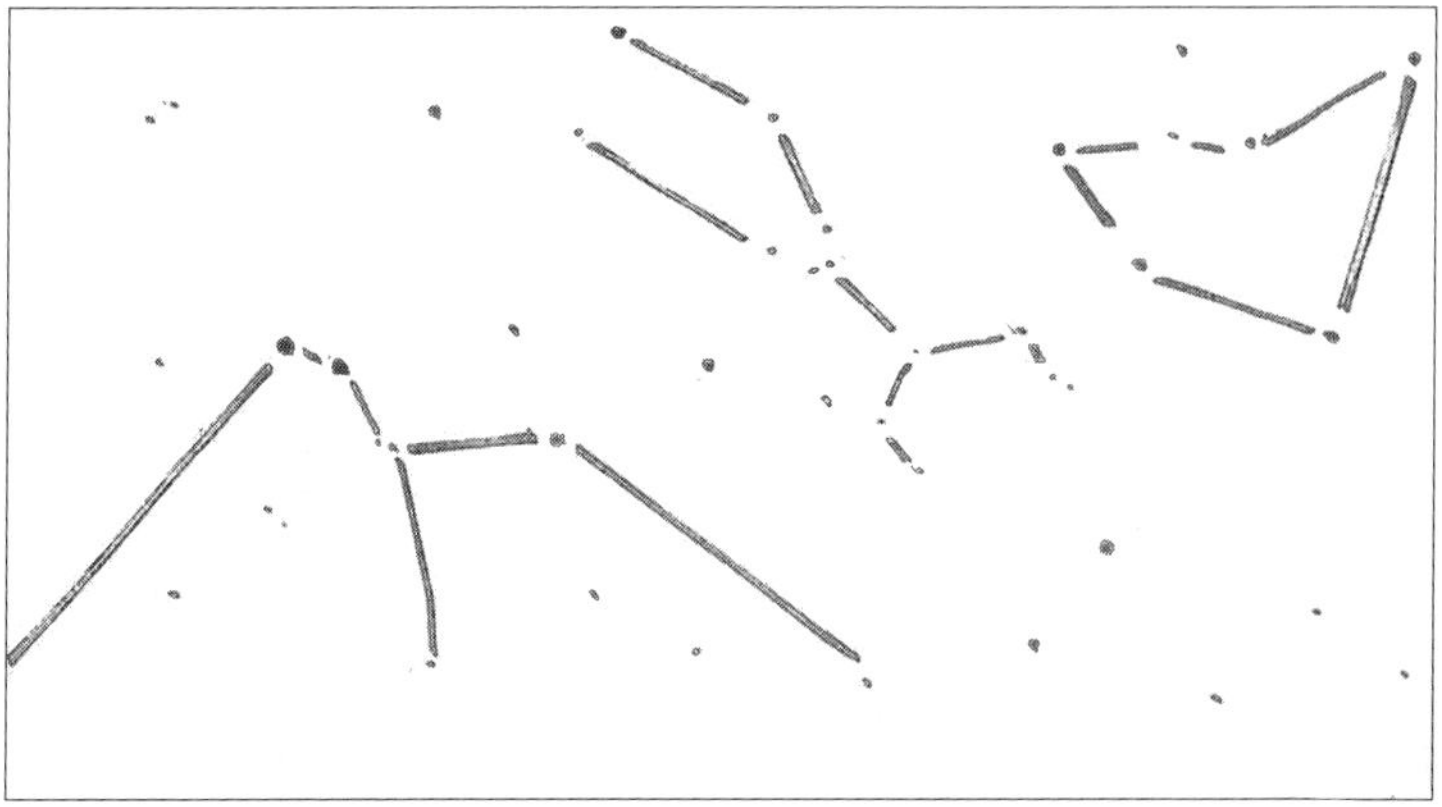

祝祭日とその祝いは、偶像礼拝、心霊術、オカルト、占星術などと深いかかわりがあり、創造者以外の者に目を向けさせるもので非とされる。

対照的に創造者は、自分や他の人を善へ築き上げ、永続的な楽しみをもたらすものを用意してくれるだろう。

文化、芸術の各ジャンルに刻まれた人類の負の遺産、不安や恐れ、辛い経験、悲しい思い出にまつわるもの、略奪、虐待、殺人、差別などの歴史的遺物。殺人をテーマとしたミステリー小説、怪奇妖怪、扇情的描写。

新しい地における倫理、価値観とは相容れない。

スマホ脳━集中力、記憶力、コミュニケーション力の低下を招く

動物園、水族館、飼育施設、ペット。

動物を見せ物にしたり、食用その他の目的で囲い込むことはない。人間と他の動物はそれぞれのテリトリーを持ち共存する。(イザヤ書11章6〜9節参照)

メディア

神の王国政府と関係の無いTV、新聞、雑誌、映像、通信などは姿を消すが、王国政府との、また各個人間のコミュニケーションは充実したものとなる。SNSのような、大衆に訴え共感を求めるツールは必要ない。

企業、会社、組合。
工場、デパート、スーパー、店舗。
銀行、証券、金融、通貨

自給自足の経済に於いては、人は職業を持たない。

国境、パスポート、人種、言語の壁、ＩＤ

神の王国は唯一の世界政府として統治する。

「この王たちの時代に、天の神は永遠に滅ぼされることのない王国を興されます。その王国は他の民に渡されることはなく、かえってこれらの王国をすべて粉砕して滅ぼし、永遠に立ち続けます。」

――ダニエル書2章44節

楽園の地に於いて、生活上の必要物、スポーツ、芸術、音楽、娯楽など各分野それぞれにおいて全く新しいジャンルのものが登場することでしょう。創造者である神が新たに創り出し、人に与えるもので、人を心から楽しませ、生きる喜びを増し加えてくれることでしょう。

「すると、王座におられる方が言われた。『見よ、私は万物を新しくする』……」

――ヨハネの黙示録21章5節

(2) 偏見・差別はない

ハルマゲドンにより地の全ての王国は消滅、神の王国が全地を支配し、国境はなく一つの言語、新しい言葉で統一されます。

人はどのように変わるのでしょうか。創造者の特質の一つは多様性です。全ての人が同じ顔かたち、同じ皮膚の色に統一されるなどということはありません。バラ園に咲き誇る数百種のバラは、色や形は様々であるとしても、どれも皆美しく好ましいように、人の顔形、肌の色はそれぞれ多少異なっても、創造者に形造られた好ましい人格特性を反映し、美しく輝くでしょう。

体形、体格の違いなどある程度是正されて、違和感を覚えさせるような事はなく、それぞれ互いに相手に魅力を感じる個性を持つようになるでしょう。

今日一卵性双生児、そっくりさんは居ても、完全に同じ人は居ません。人も又、多様性を楽しめるよう創造者に似せて造られているようなのです。

（創世記1章26節　参照）

富裕層、セレブ、上流社会と貧民、下流層、落ちこぼれ、その日暮らし、教育上の格差、人種、国籍による偏見・差別は生じることはもうないのです。優越感、自己憐憫など古い人格の現れることもありません。

(3) コミュニケーション

生物は皆、一個体で生活するようには造られてはいません。時に離れることはあるとしても、群れとして行動、コミュニケーションを交わします。

それは人間にとって、単に生きるためだけの手段ではなく、情報を交換し、家族、友人、仲間と共に愛に溢れた団欒を楽しむためのものです。

コミュニケーションのツールとしてインターネットモバイル通信があります。モバイル機器は洪水のように氾濫しています。

スマートフォンの利便性は大きく、社会人、学生にとって欠かせません。その反面懸念されるのは中傷、脅迫、詐欺などの犯罪、過剰な広告、宣伝、ゲームなど無害とは言えません。さ

らに個人情報が不正利用され、政府による管理統制社会へ向かう心配もあります。依存症にまでのめり込み人生における限られた大切な時間を後に悔いる仕方で濫費してしまうかも知れません。楽園での生活には必要のないものとなるでしょう。直接に顔と顔を合わせ、スクリーンやモニターを介さない会話こそコミュニケーションの醍醐味なのです。

―――。―――

今日、世界でどれほどの数の言葉が話されているでしょうか。200を越える国々で他言語を他国との共通語として用い、又自国語に加え公用語として用いる国もあります。それぞれの国で自国語に方言があり、方言の数は数千と云われています。多民族国家では幾つかの言葉が混ざり合い使われています。

国際流通言語として、例えば英語は50近い国で用いられており、言葉の壁をなくそうとの人工言語を作る試み「エスペラント」も英語の話せないアジア系の人々には不人気

のようです。
　人間だけがこれほど多くの言語を持つ理由をどのように説明できるのでしょうか。生物の種類の多さと多様性についての説明を進化論と調和させる事の難しさと同様、言語の種類の多さについても説明は難しいでしょう。
　実のところ、人の話す言語は人が後天的に獲得したものではなく、創造されたその始めから、言語能力を備えた人間として造られたものなのです。
　創造された最初の人間アダムは、エデンの園で創造者（神）と明瞭な会話を交わしていることが記録されています。

「神である主は人に声をかけて言われた。
『どこにいるのか。』
　彼は答えた。
『私はあなたの足音を園で耳にしました。私は裸なの

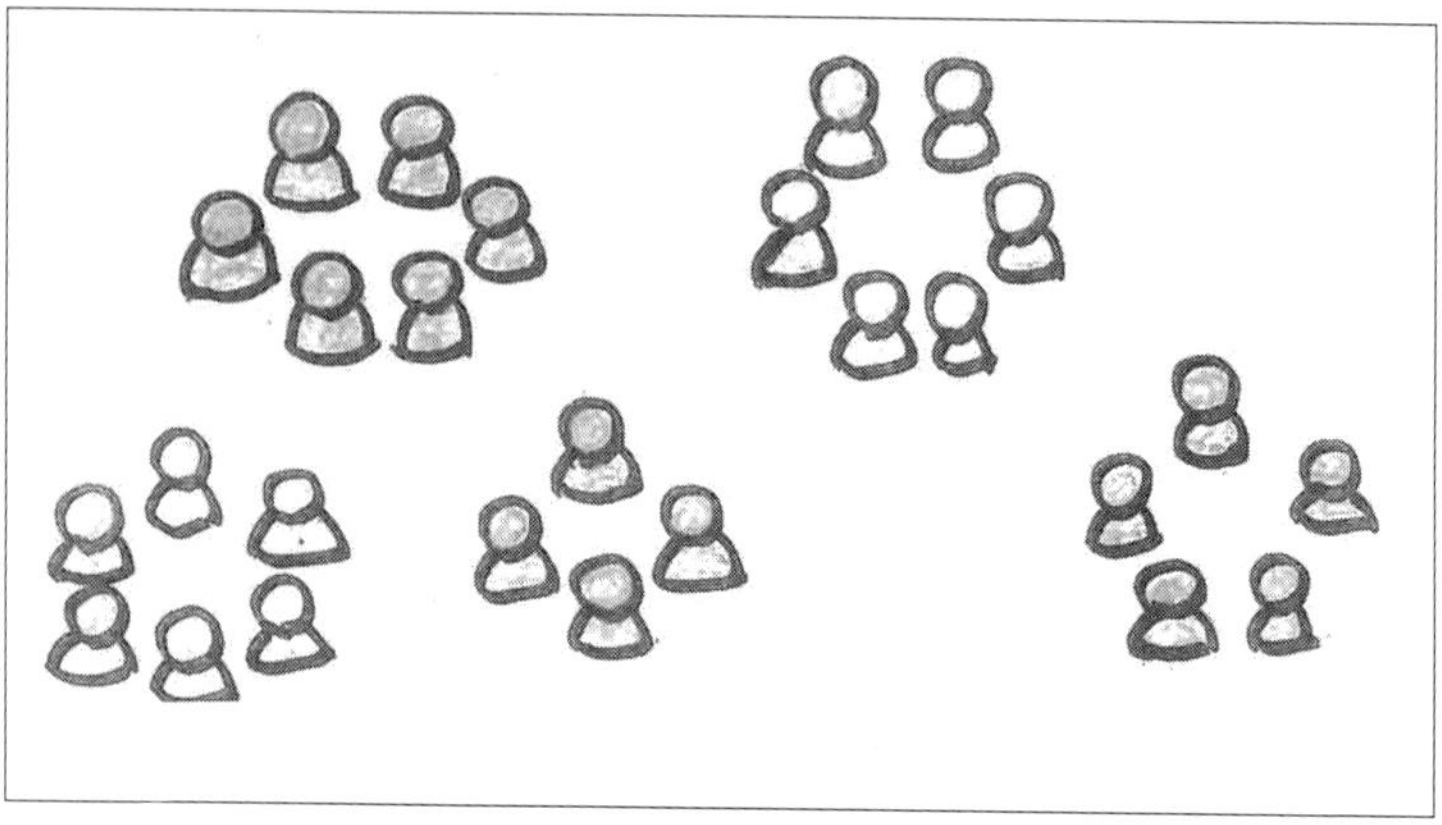

で、怖くなり、身を隠したのです』……。」

――創世記3章9、10節

―・―・―・―・―・―・―

大洪水を生き延びた少数の人類はやがて地に増え始めました。

しかし、残念な事に、神の命じた「全地に拡がるように」との言葉に逆らい、一カ所へ集まってしまったのです。そのことを力をもって人々に強いたのは「反逆する」と云う意味のヘブライ語動詞に由来する、ニムロデという名前を持つ人でした。

首魁ニムロデは、中東ユーフラテス川とチグリス川の沖積平野シナルに人々を集結させ、「バベルの塔」を築き始め、天にも届くと豪語したのです。

(その地は後にバビロンと呼ばれるようになり、今日イラクのバクダットの南約80㎞にその廃墟を見ることが出来ます)

ニムロデたち当時の人々の言葉は、アダムの用いた言語を受け継いだもので、全地は一つの言葉一式の言語でした。

神を貶めるニムロデたちに対する神の怒りは、シナイの地の住民が一カ所に留まることを許しませんでした。彼らを全地に散らし、再び集まることのないよう、彼らの話していた言語を混乱させ、互いの間のコミュニケーションを失わせてしまったのです。その結果、それぞれ自分たちだけの言葉を携え全地へ散った群れの数だけ、おそらく数百の言語が存在するようになりました。バベルという言葉は〝混乱〟を意味するものです。

(創世記11章1〜9節参照)

楽園の地に於いては、人種、国境と共に言語の壁も取り除かれます。

創造者はどのような言語を与えてくれるでしょうか。

耳に心地良く、書いて美しい、只一つの言語に違いないでしょう。


――。――。――。――。――。――。――。――。――。――

(4) 動物との共存

創造者が人に与えている三つの命令、それは子孫を増やし、地球を管理し、動物を世話することです。

確かに人の数を増やすことには成功を見ていますが、その実体はお寒いものです。

「子牛と若獅子は共に草を食み小さな子どもがそれを導く」―イザ11：6

その世話をするよう命じられている動物を人間はどのように扱ってきたのでしょうか。ＩＵＣＮ（国際自然保護連合）野生生物の「レッドリスト」２０１９・12・10によれば絶滅危惧種とされた種の数は、３０，１７８種に及んでいます。絶滅危惧種１００万種以上との報告もあり、名前もつかないまま消えゆく種の数については知りようがありません。

創造者はなぜこれほど多くの種類の動物を造ったのでしょうか。それは動物たちとの共存によって人は動物と触れ合い、生活をより色彩に富んだ豊かなものとして生きることを楽しむようにとの配慮からでした。

実際、どの年代の人でも、動物たちの示す愛らしい仕草やユーモアに感動を覚えることでしょう。動物たちはそのように造られているのです。

人と人以外の動物との関係はペットや番犬のような隷従的なものではありません。互いのテリトリーを認め尊重し合う友好的なものです。

全ての生物はそれぞれ自分たちの種の間で、又他の種との間で、互いを害することはありません。

動物たちも人と同じく植物由来の食物によって生きるようになり、動物たちの間に見られた捕食、食物連鎖などは姿を消すでしょう。繁殖はコントロールされ、動物たちの間の数のバランスが崩れるような事はありません。

人と動物との共存の様を描写している聖書の次の言葉は一幅の絵のようです。

「狼は子羊と共に宿り　豹は子山羊と共に伏す。
子牛と若獅子は共に　草を食み小さな子どもがそれを導く。
雌牛と熊は草を食み　その子らは共に伏す。
獅子も牛のようにわらを食べる。
乳飲み子はコブラの穴に戯れ　乳離れした子は毒蛇の巣に手を伸ばす。
私の聖なる山のどこにおいても害を加え滅ぼすものは何もない。
水が海を覆うように主を知ることが
地を満たすからである。」

――イザヤ書11章６～９節

ある種の動物たちは、人にはない能力、人の及ばない高い能力を備えられています。人より上の視力（解像力）を持つイヌワシの目は、望遠鏡のような機能があり、１００ｍ上空から獲物を見つけることが出来ます。アメリカムシクイの目は拡大鏡の作用があり、鳥類の視力は人の６～８倍あると云われます。犬や猫の視力は人より劣りますが、獲物を素早く捕らえる動体視力は人よりすぐれています。

色を見分ける色覚についても、人の可視領域（３０００～８０００ｎｍ）を越えて色の変化を感知する動物もいます。

聴覚についても同様、人の可聴周波数20Hz～20kHzを越えて聴き分ける動物もいるのです。

犬の嗅覚は人の10万倍と云われてきましたが、ほかの哺乳類と比べ人の嗅覚はそれほど貧弱であるとは云えないとの主張もあります。

しかし、何ら危険や警戒の必要のない楽園の住民にとって鋭敏すぎる感覚はむしろ負に働くでしょう。練絹《ねりぎぬ》の肌も

顕微鏡の目で眺めるならクレーターの様でしょう。

人の目を通る映像の全てを脳が捉えるとしたら、カメラのレンズに入ってくるようなフラットなモザイク像となり、目が回ってしまうでしょう。回転する像を見る時に全ての映像が脳に達しないようカットされているのです。

雑踏の中で隣人と容易に会話を交わし、自分の聴きたい音だけを拾いだすことが出来る。補聴器を使ったことのある人は、人間の耳の精密な造りを実感していることでしょう。

スーパーマンは必要としません。

結論として、人の感覚のレベルは、今のままで十分であり、障害のある器官は完全なものへ修復されます。

人は動物たちを殺し食べ、品種改良・実験材料とし、口輪や鼻輪を着け家畜化、標識としてマイクロチップを埋め込むことまでしてきました。

人と動物との友好的共存を意図し、両者を創った神を辱めることは許されません。

⑸ 学校

今日、生産、流通、行政をはじめとして、様々な活動に携わらなければならない親たちにとっての、子どもを集め専任の教師の教える学校制度は、社会にとっての必要から生じたものとはいえ、自分の子を教える責任が軽視されている風潮を生み出していると云えるでしょう。

ワールドブック百科事典は教育の目的についてこう述べています。

「教育は人が社会の有用な成員となるよう助けるべきものである。また、人が自分たちの文化的遺産に対する認識を深めて、より満足のゆく生活を送れるよう助けるべきものである。」

子どもの脳は６歳までに大人の脳の９割まで成長し、小学校を卒業する12歳でほぼ完成します。体の成長は20代後半まで続きます。

ＩＱ１３０を越える〝神童〟は、いわゆる英才教育により生まれるかもしれませんが、健全な社会性バランスを欠く大人へと育ってしまう事は大きな損失となります。

今の時代、子どもを持つ親は、子どもの上にどのような将来像を描くのでしょうか。大体に於いて、競争社会を子どもが有利な立場で進む上で、学位取得を目指し学校へ行くよう励まします。子どもは強い義務感のうちに、焦りと時に挫折感を抱きつつ、敷かれた自立への道を歩み始めなければなりません。

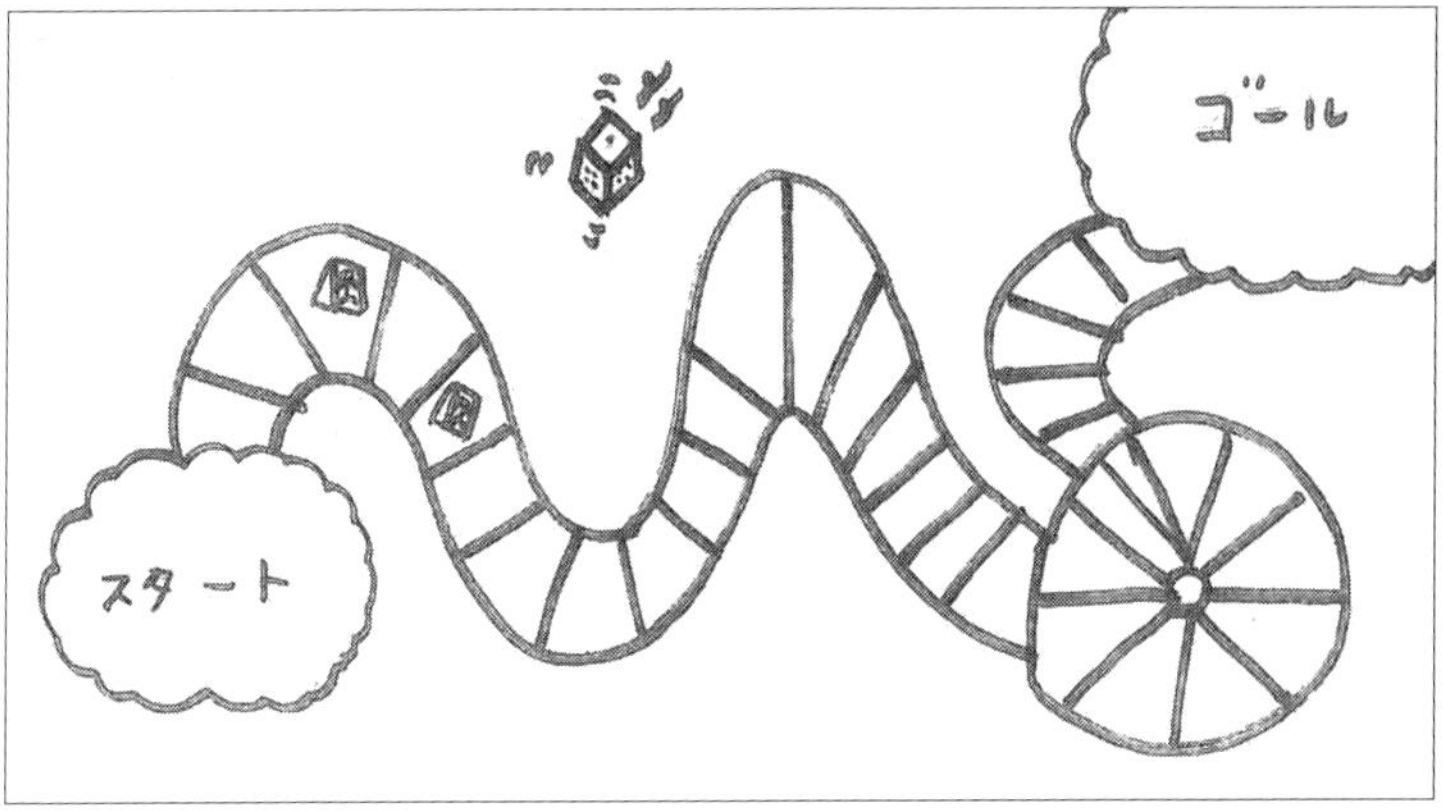

そのような学校教育、とりわけ高等教育を受けても、社会経済的にメリットは少ないとの声もあります。雇う企業側は学卒であるかどうかを重視、何をどのように学んできたかには余り関心を示しません。ベンチャー企業や大企業の特殊部門の人材ニーズは別として、入社して会社の中で戦力となり得るか、真面目さや協調性を示せるかどうかが問題なのです。学生側も、専攻の課目はさておき、学んだ内容の大半は卒業したら忘れてしまうでしょう。

首尾良く志望大学へ入学、優良企業へ就職、良縁を得て子を儲け、家を建て、老後の備え、親の介護と人生街道をひたすら走り続けなければなりません。少しの楽しみを得るとしても、限られた寿命の大半はこれらの事柄に費やさなければならないのです。

6・3・3・4制の教育制度のもとで幼稚園、大学院まで含め、20年の歳月を学舎へ通い続けることになります。子どもの成長の度合いに合わせ段階的に教えられ学んでゆきますが、新しい世では学校へ通うことはありません。社

会人として大人の仲間入りに必要な学問的知識の習得は両親との間で行われ、成熟した大人としての健全な思考力を身に付ける上での指導も又、親の責任です。

親には十分の時間があり、親子共々第2部⑵で述べたように、身心の完全性を取り戻し、潜在的に備えられていた脳の大きなキャパシティ、完全な記憶力と相俟って、楽園の地で生きる若者として必要な知能は、短い年月で身に付くことになるでしょう。

学校教育のように、年齢で教科レベルを定めることはありませんし、学習の課目、スタイルが画一的、固定的なものでもありません。テストなどのように、理解や記憶の程を調べる必要もないのです。

学ぶこと、研究することに終わりはなく、限りなく続きます。脳の潜在能力の扉を開かれた楽園の住民の全ては、自主的に調べ、学び、研究する事を、生活の貴重な一部として楽しみます。

学ぶ事は多くありますが、楽園の地で生き続けることを願う人は皆、ハルマゲドン後の比較的早い時期に、「命の書」（新しい聖書）から学ぶことになります。学ぶ事柄は、新しい地で生き続けるにふさわしい人格を身につける上での指針となるものです。

「また、私は大きな白い王座と、そこに座っておられる方を見た。
…………
数々の巻物が開かれ、また、もう一つの巻物、すなわち命の書が開かれた。
…………」
——ヨハネの黙示録20章11〜15節

そして、最終的な試みを経て永遠の命を与えられます。

(6) 時

楽園で限りなく生き続けるとはいえ、時間や時刻の概念が無くなるわけではありません。

近年、タイムゾーンを取り払い、世界統一のUTC（協定世界時）なるものを採用する方が便利であり、インターネット時代の今、時間帯はもう必要でないとの声もあります。確かに時差の煩わしさは気になるところです。

楽園では国際会議、世界大会、各種イベントなど、人が集まり合うことはありませんし、旅行するとしても、時間の制約に縛られることはないのです。

人は太陽と共に生活するよう造られています。日の出と共に起き一日の活動を始め日没で休息に入ります。地球は球体で自転しながら太陽を回り、日の出、日没の時刻は場所により異なります。

それで人は今自分の居るゾーンの時刻で生活することに

なり、飛行機、鉄道などを使って高速移動をすることはありませんので時差に煩わされることはなくなります。

しかし、時を軽視することはありません。人は時の経過を十分に意識していますが、それが何であるかを言える人はいないでしょう。

時の流れがいつ始まり、どこへ流れてゆくのか、説明できません。それは限りなく存在する創造者（神）に属する事柄です。

「山々がまだ生まれず　あなたが地と世界を生み出される前から
いにしえからとこしえまで　あなたは神。」
――詩編90編２節

人に理解できる特色として、時の流れゆく速さを計る事が出来ること、時は一方向にしか進まない事です。

人は現在という一瞬に生きており、現在は絶え間なく過去に流れてゆきます。過ぎ去った過去を呼び戻すのは、不可能なことです。過去を遡り未来を変える「バック・トゥ・ザ・フューチャー」は映画の世界です。

しかし未来は異なり、前途に近づきつつある事柄を幸いにも知り得たなら、事の本質を可能

「聞け、そうすればあなたの魂は生きる」―イザ 55：3

な限り見極め、対処するための備えが出来るのです。人類救出のための神の言葉を聴くための時間は、あまり残されていません。

「耳を傾け、私のところに来るがよい。
聞け。そうすればあなたがたの魂は生きる。
私はあなたがたと永遠の契約を結ぶ。
ダビデに約束した確かな慈しみだ。」
――イザヤ書55章3節

第7部　新しい世へ

⑴　完全性を取り戻す

自然界には実に多種多様の動植物が存在します。多様性を好む創造者の特質の表れでしょう。中には考えられないような奇妙で面白いものも見られますが、これらも又創造者の、人を楽しませようとの、与える精神を示しています。

活動する動物たちの殆どは、左右対称の、バランスの取れた造りで、機能的美しささえ感じられるものです。

まして創造者の特質に似せて造られた人間には、不完全さや欠陥があってはなりません。外見だけではなく、共に楽園に生きる者として、互いに好ましい存在と全ての人が感じ合うことがキーワードとなります。

しかし、本当に残念な事に自らの意志で創造者（神）の保護と導きの手を退け、独立の道を歩み始めたアダムの子孫として、老化と死の刻み込まれた欠陥ＤＮＡを宿命的に受け継いでいる人類の全ては、うまれながらにして奇形や

障害を持っていたり、病気を煩い、怪我を負い、僅かな寿命さえ全うできず亡くなってしまうことが多いのです。

　神の保護の手を離れてしまった人類の不完全な歩みは、身体面のみならず、多くの人々の示す精神態度に表れています。神との良い関係にある際に与えられる神の聖なる力（霊）を十分には受けられず、愛、平和、親切、善意などを示すのが難しく、対照的に他の人を傷つけ、自らを貶める好ましくない特質、淫行、汚れ、放蕩、敵意、嫉妬、利己心など多く見られるようになっています。

（ガラテヤの信徒への手紙5章19～22、23節。テモテへの手紙二　3章1～5節参照）

　不完全さの表れの極みとも言えるのは謙虚さの欠如です。自分の方が他の人より上である、自分が一番であるべきなどと思うことは多く、他の人との優劣を、事ある毎に心の中で競うものです。

　熾烈な競争社会で優位に立つためのモチベーションとは

なるとしても、絶えずストレスを抱え込むこととなるでしょう。

自己優位の高慢な感情の昂りと寛容の精神や公共心の退潮が相俟って、民族、国家的レベルに膨れ上がり、ジェノサイドなどと云う忌まわしい事態を招くことがあります。

人類社会は今、専制主義と民主主義の政治の間《はざま》で揺れ動き、民衆パワーを台頭させ、政治的分裂を招きつつあります。さらに災害、疫病への恐れと不安、富の偏りへの不満をうっ積させ、パクスの微笑みなき世界へ突入しつつあることは明かでしょう。

謙虚さを欠くなら、時として、致命的な損失を被り、前途に備えられた輝かしい未来を失う事態を自ら招きかねません。アダムの例はその典型ですが、キリストの直接の弟子たちでさえ、そのような過ちを一度ならず犯しています。

キリストにつき従い、謙虚な心をもって行動すべきことを常々教えられていたにも拘わらず、事もあろうに使徒たちは、最後の晩餐という最も大切な席で、自分たちの間で誰が一番偉いか、激しく言い争ったのです（ルカによる福音書22章24～25節参照）。

謙虚な心をもって振る舞うことの大切さについて聖書はこう述べています。


「神は高ぶる者を退け、へりくだる者に恵みをお与えになる。」

——ヤコブの手紙４章６節

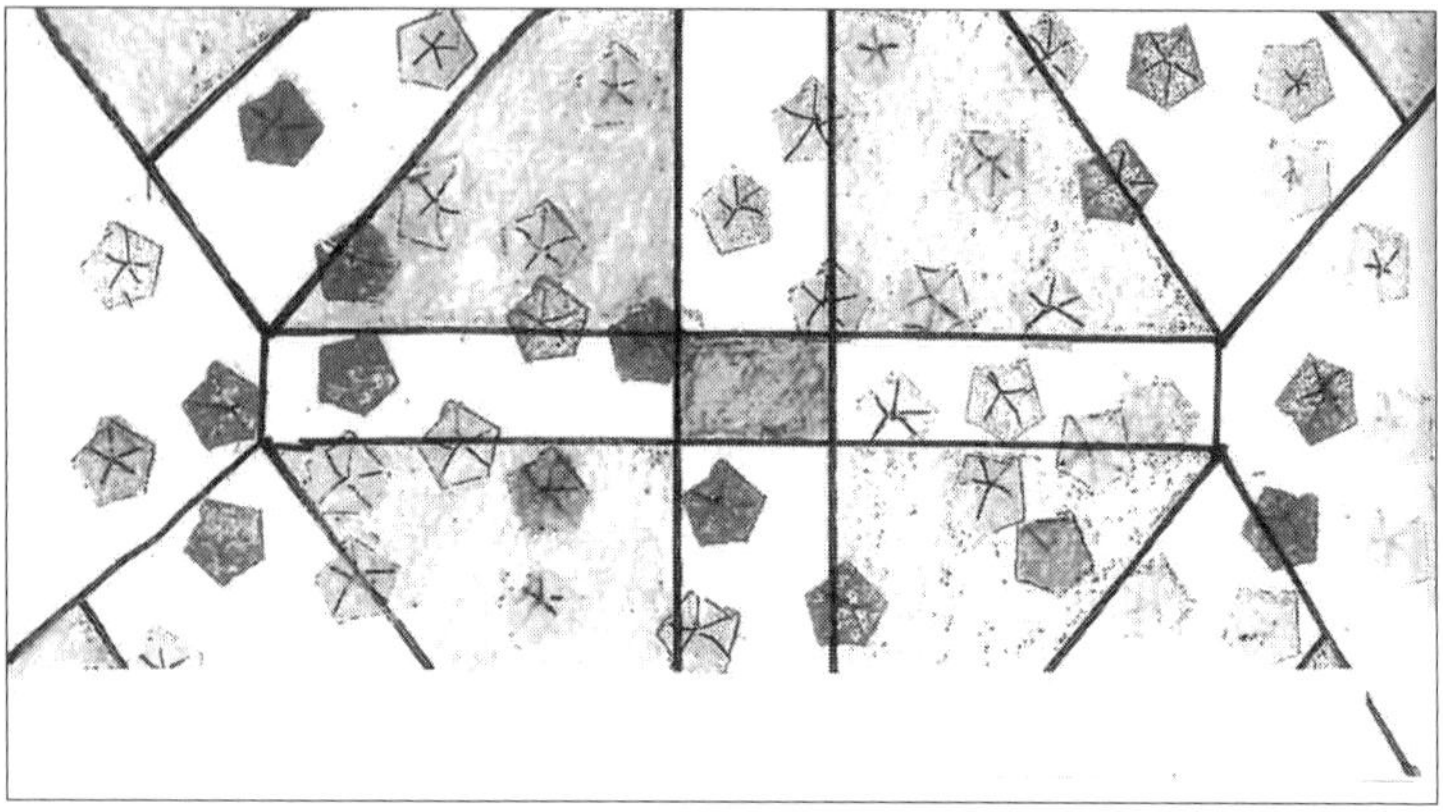

そもそも、人の間の順位、格付けなどは人の作ったもので、神の目には何ら重要性はありません。
スクランブル交差点を行き交う人々の群れを、高層ビル屋上から俯瞰しますと、それぞれの間に高いも低いもなく、皆同じように点に見えます。神の目は遥か上空にあり、高い低いを争うのはナンセンスな事でしょう。
人は皆同じく、神により造られた仲間であり、生まれや育ちの境遇、受けた教育など、それぞれ違いはあるとしても、皆同じ神の貴重な財産として、他の人を傷つけ害を与えるなら、それは神に対し罪を犯すことになります。人は人を治める能力を与えられてはいません。新しい世へ移行するまでの間、秩序の維持と悪の抑制のための権威は必要として、その存在を神は認めているとしても、封建時代に見られたような身分階級制度、多様な閥など謙遜さを失い高慢を募らせた結果でしょう。
男と女の立場の違いは認めるとしても、性による差別が

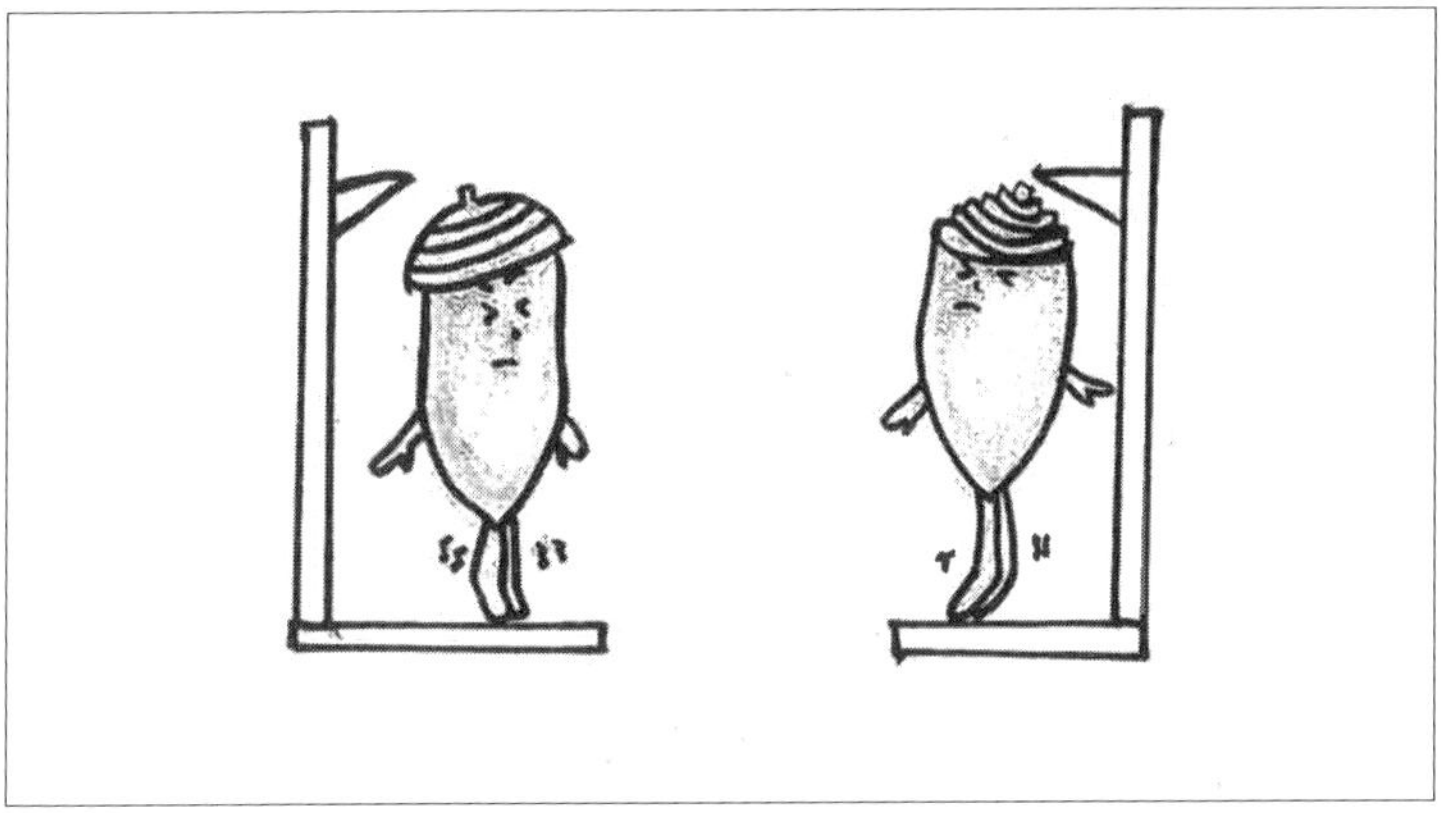

あってはなりませんし、第3の性やジェンダーレスの取り組みなど、性にまつわる一部の人々の主張は、創造者（神）は「人を男と女に創った」（第1部(1)参照）ことを高慢にも退けていることになるでしょう。

人間社会に見られる謙虚さの欠如を皮肉に描いた「どんぐりと山猫」は教訓的です。作者の宮沢賢治は仏教信仰でしたが、自分と他の人を比べ、誇りの気持ちを抱く事の多いのは、不完全な人間の常であり、社会生活の平和と安寧、秩序を脅かすトラブルの根源であるとの、神の見地と一致しています。

どんぐりたちは口々に叫び立てます。


「頭のとがっているわたしがいちばんえらい。」

「いちばんまるいわたしがえらい。」

「いちばん大きいわたしがえらい。」

「せいの高いわたしが　いちばんえらい。」

「押しっこのえらい人だよ。」

上から見ていた一郎はどんぐりたちに言います。

「この中でいちばんばかで、めちゃくちゃでまるでなっていないようなのが、いちばんえらいとね。」


ばかで、めちゃくちゃで、なっていないというのは、高慢な人の、謙遜な人の示す謙虚な振る舞いに対する屈辱的な見方であって、神の目には愚かと映えることでしょう。

人が人を傷つける、神から離反した人間の全く的外れとも言える行為に多くの時間、エネルギーを費やすのは、限られた人生を無駄にしていることになります。

人にとり大切な事は、自分が創造者によって意図的に造られたものであり、生きる目的も与えられている事を認め、それぞれの立場の違いを理解することです。

そして命を与えられたことへの感謝を創造者の求めに謙虚に従う事により表すことです。

生活の喜びは、創造者により備えられている良いもの全てを用い、家族、友人、仲間たちと共に、愛に溢れた団欒を楽しむことにあります。


「見よ、私が幸せと見るのは、神から与えられた短い人生の日々、心地よく食べて飲み、また太陽の下でなされるすべての労苦に幸せを見いだすことである。それこそが人の受ける分である。

神は、富や宝を与えたすべての人に、そこから食べ、
その受ける分を手にし、
その労苦を楽しむよう力を与える。これこそが神の
賜物である。
人は人生の日々をあまり思い返す必要はない。
神がその心に喜びをもって応えてくれる。」
――コヘレトの言葉５章17～19節

嬉しいことに、ハルマゲドンの後、新しい地に生きる住民は古い世での人格（淫行、汚れ、放蕩、敵意、争い、嫉妬、利己心、泥酔、馬鹿騒ぎなど）を徐々に捨て去り、新しい人格（喜び、平和、寛容、親切、善意、誠実、柔和、節制など）を身に付けてゆきます。

これらの事は、神の聖なる力を絶えず受け続けることにより可能となり、そのようにして人は神から、他の人からも深く愛されるようになるでしょう。

（エフェソの信徒への手紙４章22、24節、ガラテヤの信徒

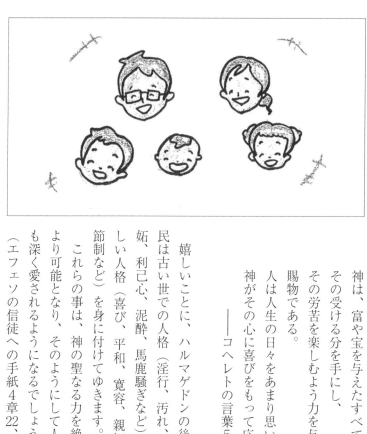

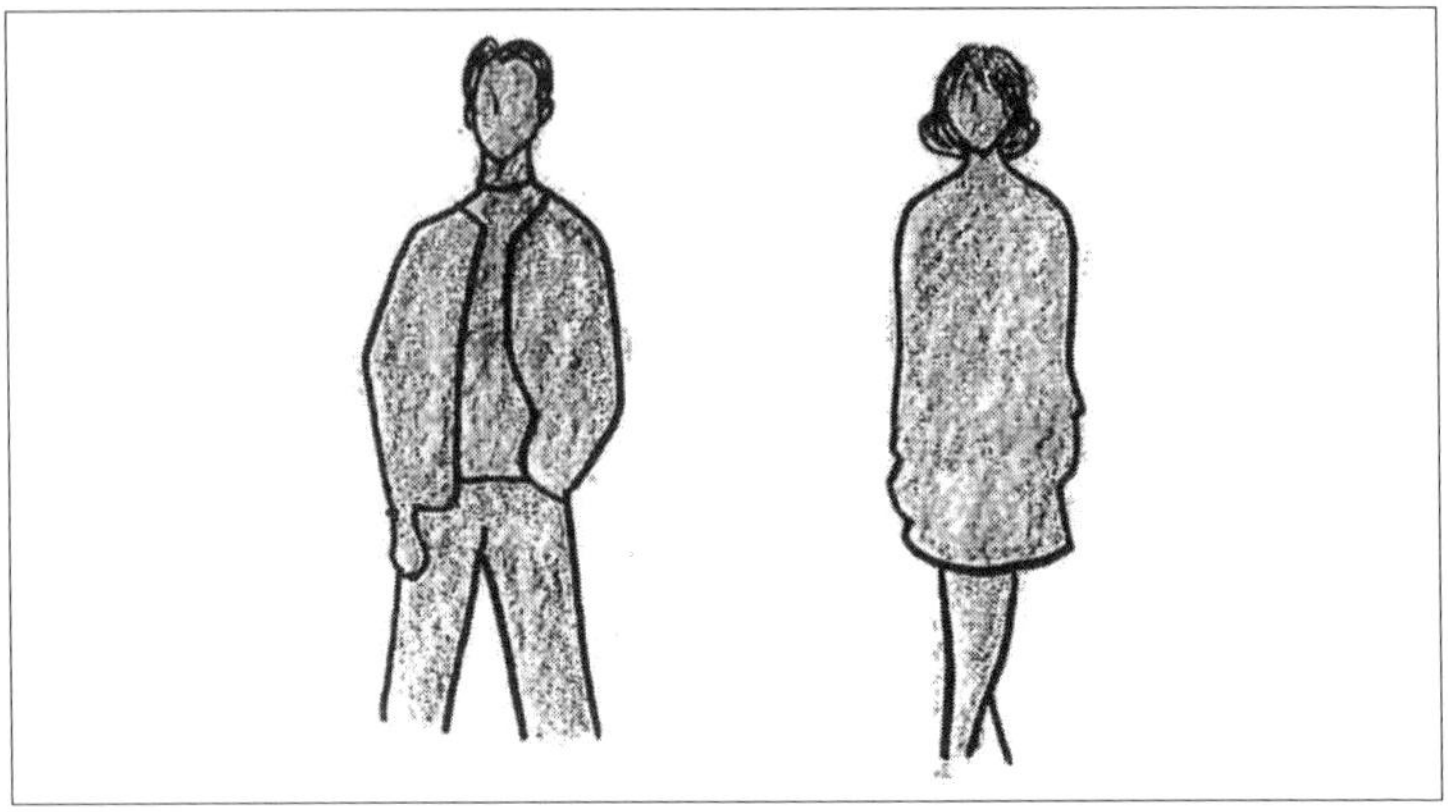

への手紙5章19～21、22、23節参照）

完全性を取り戻した身体は魅力的です。体形、四肢はすらりとして美しく肌は十代の頃のように輝いています。女性の美しさを彩る豊かな髪は感動的です。男性の髭は威厳誇示のきらいがあり、他の人と比べることのない地に於いて、伸ばすことはありません。

人は装い、変化を楽しむのは良い事であるとしても、眉をひそめるような衣装を着けることはありません。

体形、体格、肌、瞳の色、どれも全く同じということではありませんが、容貌、容姿はそれぞれお互いに好ましいと感じるよう整えられてゆきます。

人の声の心地よい響きと美しさは、単なるコミュニケーション以上の楽しみと喜びを与えてくれます。その音色は、楽器に例えるなら、最高傑作と云えるでしょう。

わずか1～1・5㎝、開いた時でも2～3㎝の小さな声帯は変化に富んだ音階を生じ、聴く人を魅了します。声帯を取り巻く筋、舌と唇との協同の微妙な働き、呼吸や飲食の絡む咽頭の複雑な中枢に、このような機能が進化によってもたらされたとは考えにくいでしょう。

人は聴き、歌い、奏でるという音楽を喜ぶこともバラエティに富む生活を送れるよう創造者により付与されています。

上手に歌い、演奏し、作曲する能力は、音楽家と呼ばれる一部の人たちのものではなく、全ての人に備えられるものとなるでしょう。

(2) 神と神の業《わざ》について学び続ける

千年統治の終わり、アダムの失ってしまった創造者（神）との親密な関係を取り戻し心身共に完全性を付与されるに至った人類は、永遠の命を受け継ぐにふさわしい者として認定され、名実共に神の愛される子供として楽園となった新しい世をスタートするのです。
分裂していた神の宇宙家族は再び一つに結ばれ「天にあるものも地にあるものも、キリストのもとに一つにまとめられることです」という言葉の成就に到ります。（エフェソの信徒への手紙1章11節）
神の最後の創造物である人間は、地上でどのように生きるべきか、神の意図するところは、造られた際の祝福と共に、明確に告げられています（第1部(1)参照）。

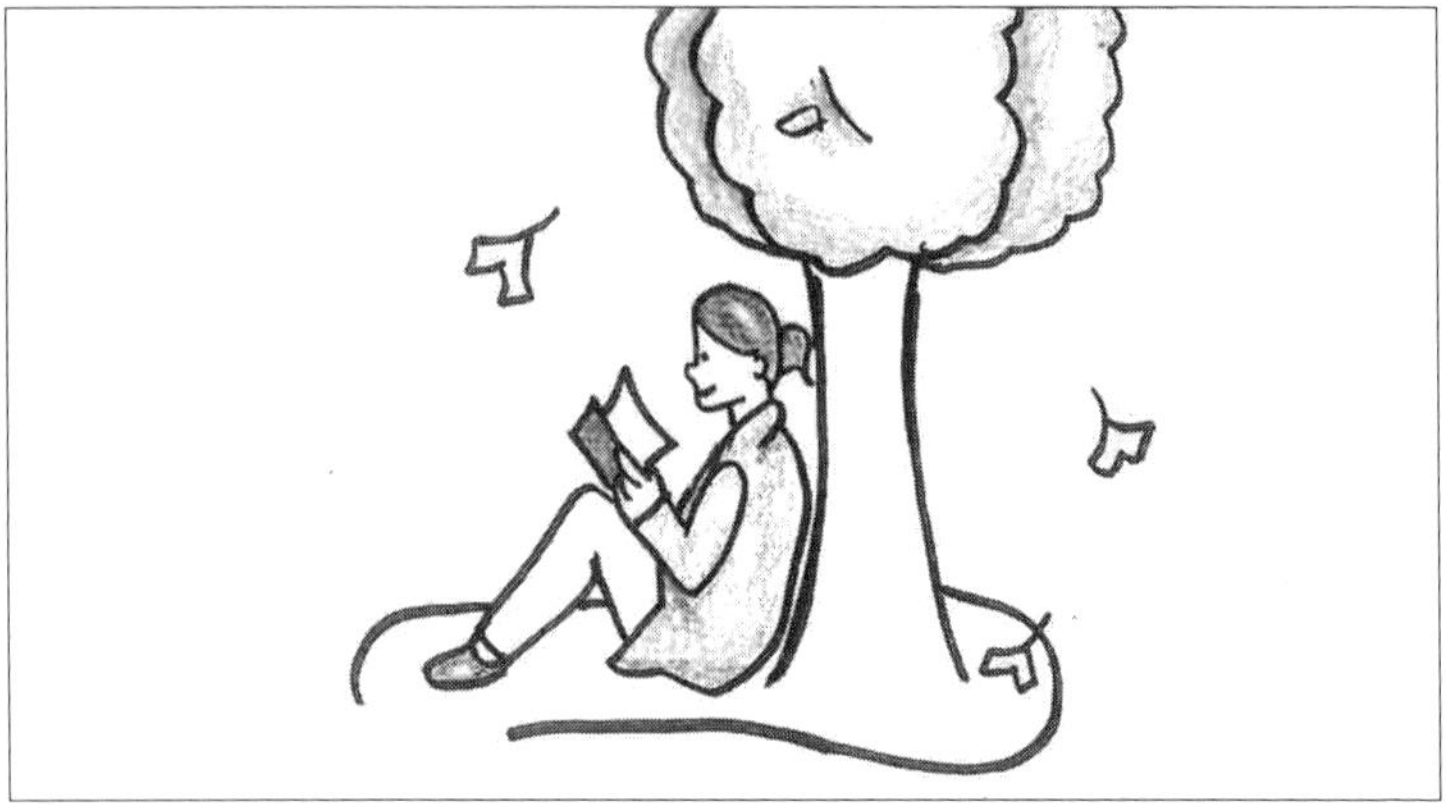

古い世のしがらみとも云うべき病気と老化そして死は消え去り、毎朝の爽やかな自然の目覚めは、日毎に生きる喜びを増し加えてくれることでしょう。全ての人は何の心配もなく、物事に対する順応性に十分に富み、新鮮なアプローチを楽しみます。

大きな喜びを与えてくれるもの、それは学び続けることにより増し加わってゆく知識と知恵の宝でしょう。その意欲は尽きることがありません。学ぶべき事は無限にあり、創造者はすでに、第４部⑶でのべましたように、その一端を示しているのです。

考えてみましょう。吾子をこよなく愛し慈しむ親、自分の生徒の深い理解と進歩を心から願う先生はそれぞれの立場は異なるとしても、共通の教え方として、問題を提起し直ぐに答えを与えてしまうことはしません。好奇心を刺激し、考えさせ、知りたい意欲を起こさせ、学ぶ動機付けを与えるでしょう。しかし、親も先生も自分の知識を誇った

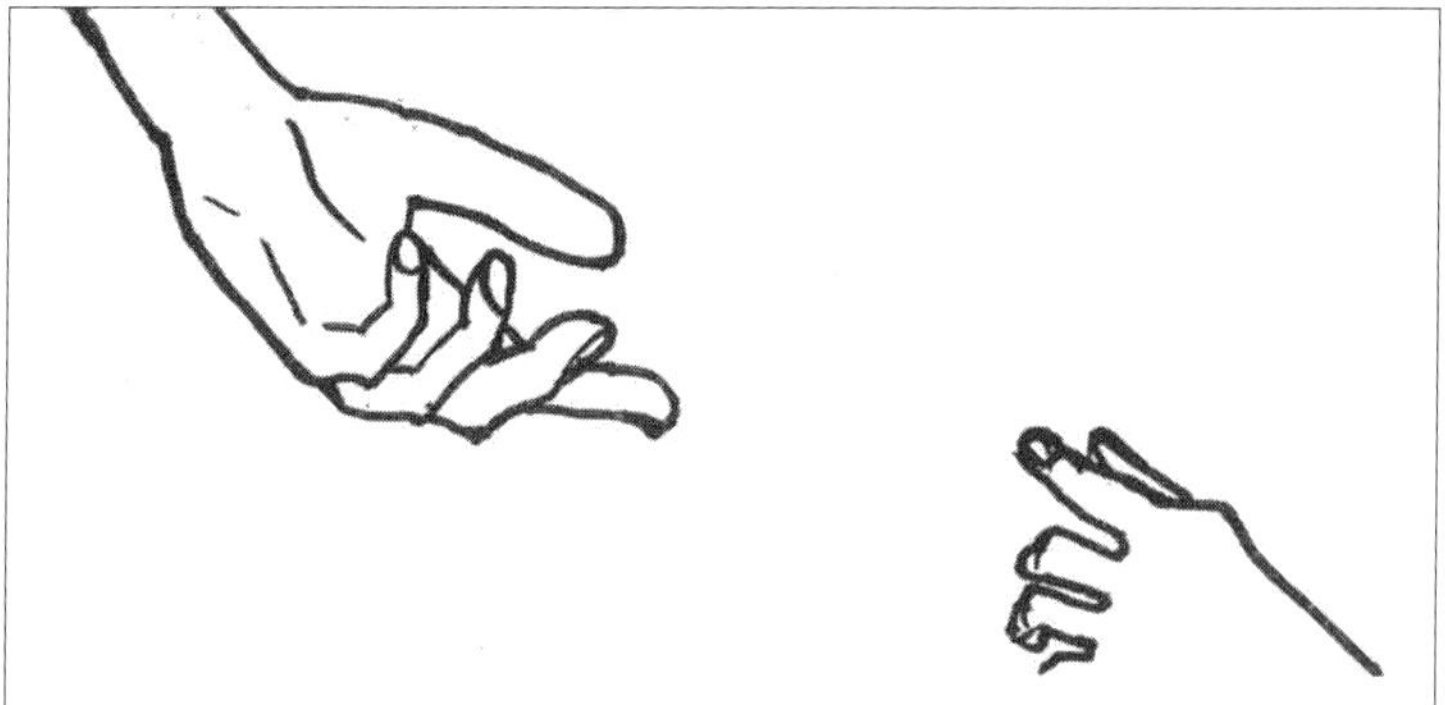

「神の富と知恵と知識のなんと深いことか」―ロマ11：33

り、相手を困惑させるような事はしません。いつまでも答えを得させずにおくこともありません。

云うまでもなく、大切な事は生徒の進歩に応じた教科の選択です。学力に配慮しそのレベルを引き上げてゆきます。同様、神は人間に教えたい事柄は多くあるとしても、時間を掛け、段階的に教えてくれるでしょう。

それらの事柄には、人間が考えもしないものが多くあることでしょう。神の知識と知恵に限りはありません。人間が神について知り尽くすことは決してありませんが、生きる限り学び続ける事は出来、そして生き続けることは可能なのです。

神はいつ存在するようになったのか、いつまで存在するのか、人間は知る由もありませんが、人間の学び続ける意欲を神は高く評価してくれるのです。

「私はアルファでありオメガ、
最初の者にして最後の者

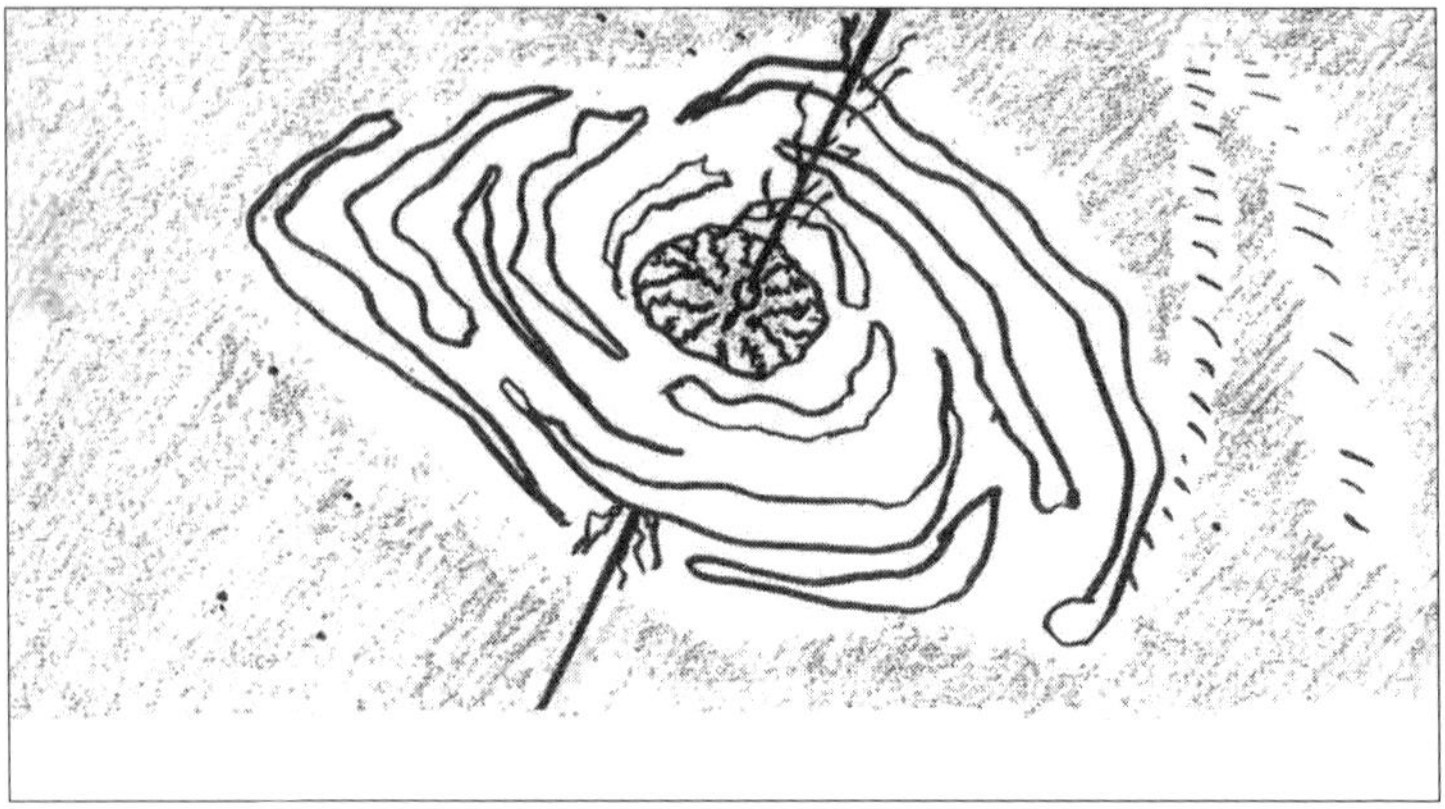

初めであり、終わりである。」
――ヨハネの黙示録22章13節

人間にとって、衣食住を整え、生活を楽しむのは良い事に違いありません。しかし、それだけではなく、人間にはほかにも生きる大きな目的があります。

創造者は人が更なる喜びを得るよう考える力を与え、学び研究し応用する意欲、動機付けの洞察力をも加えてくれているのです。

もちろん学習や経験によって得られる知識、知恵がその土台となるのは云うまでもありませんが、未知への挑戦こそ生きる喜びであり、そのことに終わりないのです。

例えば、人間はまだ月以外、隣の星に行ったこともありません。地球に生息する約８７０万種の生物の90％は、未発見、未分類と推定されています。地球の中心を覗いた人は誰もいません。

時空を超越した存在、異次元の世界、物質とエネルギー

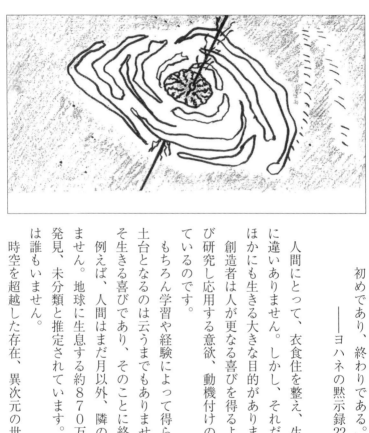

交互変換、未知の生命体。

人間の知りたい事柄は尽きることがありません。人はそのように造られているからです。創造者・神は人の求めに応じ、快く漸進的に秘密を明らかに与えてくれることでしょう。

未知への探求こそ、理知ある生物として造られている人間として生きる喜びであり、「終わりのない命」こそ、そのために与えられた神の賜物にほかなりません。

「ああ、神の富と知恵と知識のなんと深いことか。

神の裁きのいかに究め難く、その道のいかにたどり難いことか。」

――ローマの信徒への手紙11章33節（第３部⑽参照）

「われわれは何処から　来たのか？
われわれは何者　であるのか？
われわれは何処へ　行かんとしているのか？」

むすびに

人類史上にかつてない文明の恩恵に浴しているわたしたちですが、インターネットもスマートフォンもない時代の生活に比べ、必ずしも幸福とは云えないでしょう。

危機に瀕する地球環境、世界情勢、ストレス社会での生活で心の平穏、安堵は日毎に失われつつあります。

グローバル化と呼ばれ、富の寡占、一極集中と貧困化、民主主義の退潮と専制政治の台頭、CO_2・プラスチック排出の及ぼす危機的状況等々、加えて新型コロナウイルスの直撃と、心安まることなく、多くの人の生活基盤が失われつつあります。

そのような中にあっても、物に偏ったこれまでの生活を見直し、新しい生き方、人生を模索しようと取り組む人は増えているように思われます。

ここで取り上げたいのは、フランスの画家ポール・ゴー

ギャンの生き方です。彼は、当時の楽園と呼ばれていたタヒチ島で晩年を過ごし、失意の中にあって、

「我々はどこから来たのか、我々は何者か、我々はどこへ行くのか」（１８９７―１８９８年）を描きました。この長い題名はゴーギャンが神学校生徒時代、司教からの問答で、その後の彼にとって脳裏から離れることのない、しかし答えの得られない人生についての命題となりました。

今日、人類の於かれている状況は、比喩的に言って、ゴーギャンの抱えていた苦悩と相似的様相を示していると云えるでしょう。

人類は一見華やかな科学文明の中で生活していても、先の見えない失意のどん底にあります。ゴーギャンは「人は何のために生きるのか」の明確な答えを手にしていたなら、自殺を考えるような事はなかったでしょう。

この本の読者は、人生の疑問に対する答えは進化論から得られず、聖書の中にあると思われるなら、ためらうことなく「終わりのない命」へ向かってステップを踏み出されるよう切望する次第です。

第8部

終わりまで耐え忍ぶ

最後まで耐え忍ぶ者は救われる

——マタイ24：13

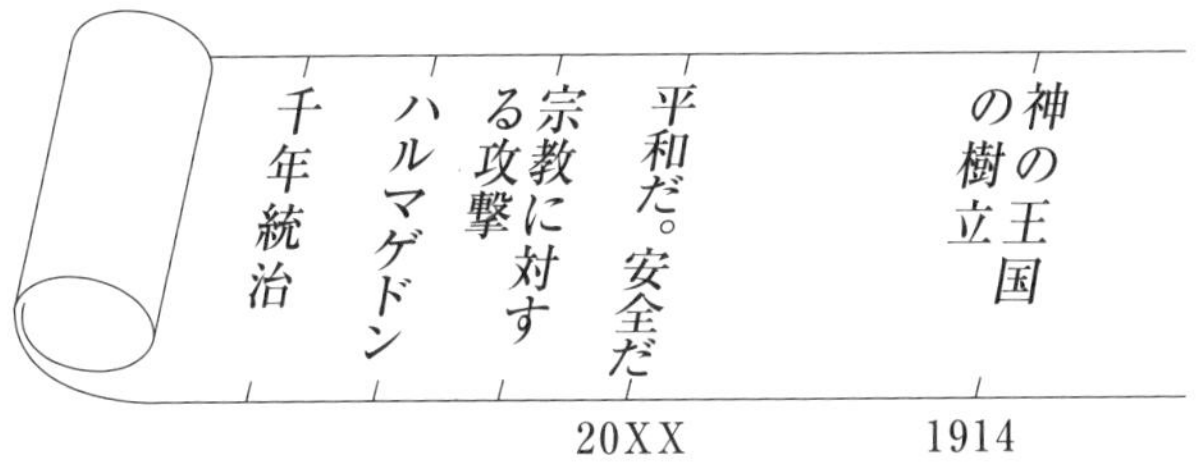

はじめに

今の時代、人類生存を脅かす問題は増え続け深刻さを加速しています。そして問題を引き起こしている人間は、もはや人間の手では解決は望めないと、絶望感を抱いている人は多いことでしょう。

人間による政治に頼ることが出来ないとすれば、人類社会に平和と安全をもたらしてくれる何があるのでしょうか。本編第３部⑹、⑺で述べたように、「神の王国」が１９１４年に樹立され、人類救出への道が開かれています。間もなく、イエス・キリストを王とする「神の王国」は、人間には成し遂げ得ない真の平和と安全をもたらしてくれるのです。

「神の王国」は何ら欠けるところのない完全な政府であり、王国の臣民となった人々を永遠の命へと導き、さらに王国の樹立以前に、それについて知る機会を得ることなく亡くなった人々に、復活により公平公正を欠くことなく、命へ甦らせて王国の臣民として生きるよう促します。

そして、千年に亘る王国の統治の終わりに、身心共に完全性を付与された人々は、神の直接支配のもと、楽園《パラダイス》で永遠に生きることを約束されているのです。

本編第3部表―1に記載した〝これから起こる事柄〟が成就することになりますが、聖書はそれらを預言としてのべています（表―2）。

では、千年統治へ向かって〝これから起こる事柄〟を、その順序に従って調べてみましょう。読者も、預言に沿って自由にシナリオを描くことが出来るでしょう。

物事の劇的変化に対応するための順応と忍耐は、永遠の命へ導かれる上でのキーワードとなります。

表－２　これから起こる預言とその順序（本編第３部 表-1 参照）

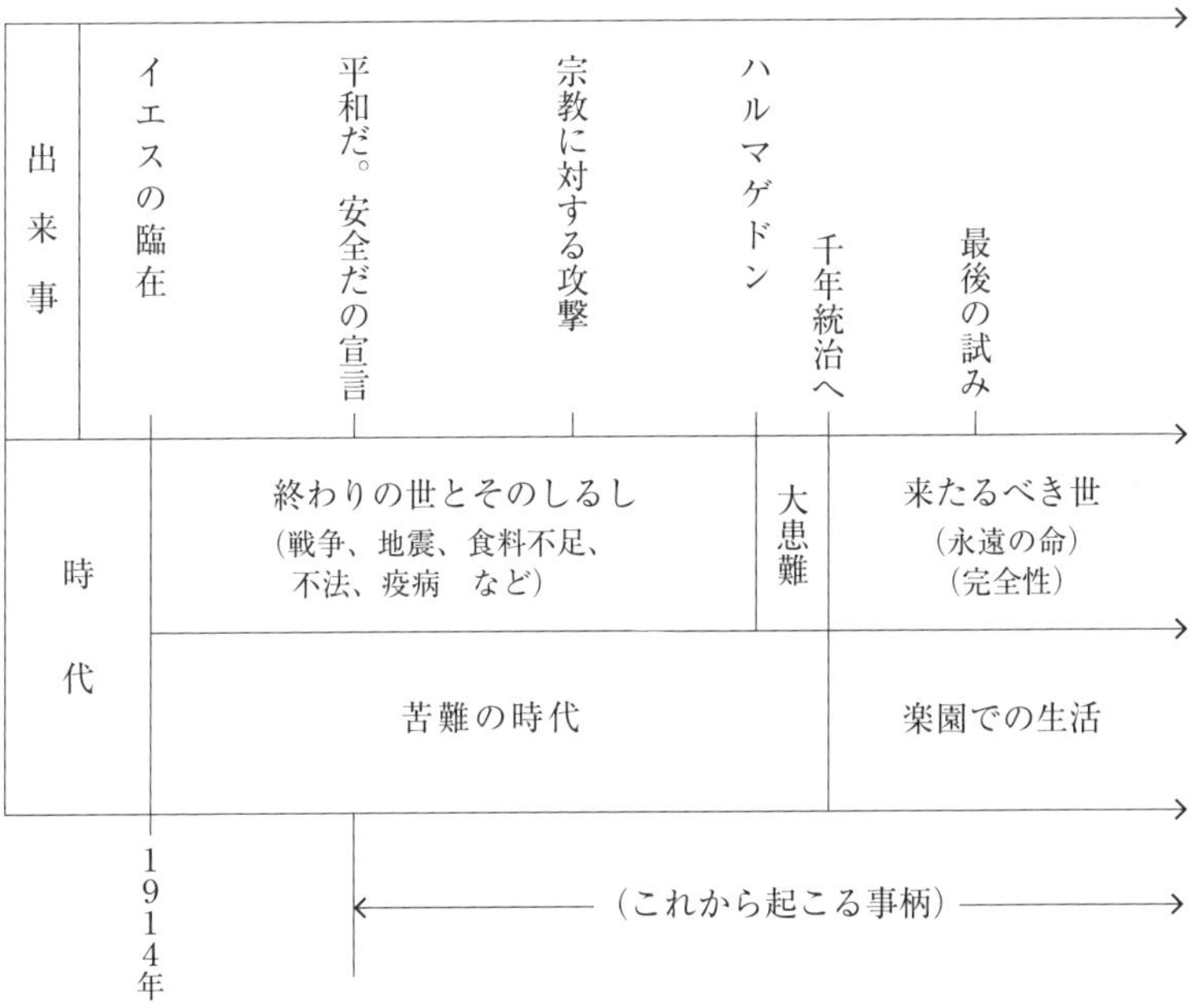

1．世の終わりとイエスの臨在のしるし

ユダヤ暦ニサン（3～4月）11日、イエス・キリストは地上での生涯の最後となる公の宣教をエルサレムの神殿で終え、弟子たちと共にキデロンの谷を渡り、神殿を見下ろすオリーブ山に登った。西暦33年のことであった。

イエスは腰を下ろし下に見える神殿を眺めていると、弟子たちペテロ、アンデレ、ヤコブ、それにヨハネがやって来てイエスと話し始めた。

途中での、弟子たちがイエスに示した神殿の壮麗さ、石の大きさや美しさを讃える言葉に対し、イエスの答えた「石がこのまま石の上に残されて崩されないでいることは決してない」との予告の言葉が気がかりになっていたのである。――マタイによる福音書24章2節

加えて気になっていた、イエスの以前に語った「イエスの臨在と王国の到来」、「世の終わり」は何を意味するのか、神殿の崩壊と関係があるのか、答えを知りたいと思ったのであった。（ルカによる福音書17章20～37節、マタイによる福音書13章39、40、49節参照）

弟子たちは目の前に見える文字通りの神殿そのものについて考えていたのであるが、イエスの念頭にあったのは神殿、エルサレムの滅びの事だけでなく、全世界を巻き込む、将来における苦難の到来に及ぶものであった。

（神殿について言えば、エルサレムは西暦70年ローマ軍の攻撃により滅び、神殿は崩壊、石が石の上に残されることはなかった。）

イエスの予告がなお将来に亘るものであり、それが全世界に及ぶのであれば、わたしたちも当時の弟子たちと同じように尋ねたいと思うだろう。

「そのことはいつ起こるのですか。また、あなたが来られて世の終わるときには、どんな徴《しるし》があるのですか。」

――マタイによる福音書24章３節

ここで用いられている世と云う言葉のギリシャ語「アイオーン」の基本的な意味は〝時代〟もしくは〝存在の期間〟を表わし、ある期間を他と区別する特色により際立たせている。

倫理的には、この世界の物事と動き―例えば〝封建時代〟・〝暗黒時代〟などと言ったりする。「世の終わり」とはどういう事なのか、一体何が起こるのか。太陽の爆発で地球は燃えつきてしまうのだろうか。全面的な核戦争によって人の住めない地球になってしまうのか。

悲観する必要はない。この記事の主題にあるように、イエスは話の結びに、終わりまで耐え忍ぶ者は救われると明言している。

「……最後まで耐え忍ぶ者は救われる。」
——マタイによる福音書24章13節

すなわち、邪悪と苦難に満ちた今の世を忍耐し通り抜けることによって、次に来る苦しみや悲しみ、辛いことの全くない新しい世に入ることが出来る。二つの世があることをイエスは、はっきりと述べている。

「聖書に言い逆らう者は、この世でも来たるべき世でも赦されることはない。」
——マタイによる福音書12章32節

では、イエスの来る（臨在）のしるしをどのように見分けることが出来るだろうか。それによってわたしたちの住む世は終わりに入ったことを知るのである。

弟子たちの質問に答えて、イエスはいくつかのしるしを挙げている。戦争、地震、食料不足、不法、疫病（ルカ21章11節）などである（マタイによる福音書24章6、7、12節参照）。

特筆すべき事として、明るいしるしが一つある。今日に在るイエスの弟子たちによる全世界的な、神の王国を告げ知らせるキャンペーン活動である（マタイによる福音書24章14節参照）。

「人類に脅威となっている災厄は以前からあった。改めて取り上げるまでもない。力を併せ対処して行くより仕方ないではないか。」

と云う意見もあるだろう。

しかしイエスはこれらの災厄がイエスの来る以前のような地域限定的なものではなく、地球的な規模で全人類を苦難へ陥れる時代を予告していたのである。

戦争

人類の経験したことのない、非戦闘員である市民を巻き込む総力戦。

(国民は国民に、王国は王国に敵対して立ち上がり、――マタイによる福音書24章7節)

第一次世界大戦（１９１４～１９１８）

死者１，６００万人

第二次世界大戦（１９３９～１９４５）

死者５，０００～８，０００万人

内戦の死者（１９４５～）

１５０万人

地震

地震に関する研究の進んだ20世紀、特に1914年以降大規模な発生は顕著に見られ、火山の噴火、津波を伴う地震の被害は甚大。

1915年	イタリア	死者　32,000人
1920	中国	200,000
1923	日本	99,000
1935	パキスタン	25,000
1939	トルコ	32,000
1970	ペルー	66,000
1976	中国	240,000
1988	アルメニア	25,000

食料不足

1914年以降、大規模な飢きんとして20以上が報告されている。

インド、エチオピア、カンボジア、ギリシャ、スーダン、ソマリア、中国、ナイジェリア、バングラデシュ、ブルンジ、ルアンダ、ロシアなど。

自国内に飢えている人がいるにもかかわらず、大量の食料を輸出している国があり、世界の食料生産年40億トンの１／３、13億トンもの食品が棄てられている。

飽食の時代と云われる一方、２０２０年世界の飢餓人口は８億を下らない。

「分配と政府の方針」が大きな問題であろう。

不法

終わりの日（時代）は困難な時期（対処しにくい危機の時代）と云われる。

多くの人々の示す精神態度は時代が進むにつれ、自制心の欠如をいっそう際立たせてゆくだろう。

さらに、自己中心と優越感、金銭に対する過度の愛、独立志向、自然の情愛を持たないなどの特質が温床となって、文明の進化にそぐわない犯罪の増加ぶりを示している。

ＳＮＳの誤用による誹謗中傷、ネット犯罪、サイバーテロ。無差別殺人、暴徒化。ゲーム・ＴＶ・映画・推理小説などのエンターテインメントの世界でも、殺人シーンなしに顧客を満足させることは出来ないだろう。

地球環境の変化、温暖化についてイエスは直接触れてはいない。

しかし、交通・インフラシステムの開発整備、地域産業の拡大、企業エゴなど人による不法行為の影が潜む。

バランスを欠くのは不完全な人間の常であり、そこに不法が入り込む。科学技術の進歩と社会のニーズの急変やミスマッチは一時的混乱として社会全体の中に吸収されて行くとしても、科学者、資本家、政治家三者のそれぞれの思惑は自己の保身と利益追求であり勝ちだ。
科学技術の産み出す新しい果実を期待する消費者と開発側の欲望が重なり合う結果として、生じるリスク、負の側面が二の次にされるケースは多い。

核エネルギーの平和的利用と核兵器、ニトログリセリン火薬の発明者ノーベルの名を冠した平和賞など、人間の本質が問われる。

疫病（ルカによる福音書21章22節）

ペスト（黒死病）
中世ヨーロッパ人口の1／3が死亡。
コレラ
過去200年間に7回のパンデミック。毎年130〜400万件の発生。
天然痘
1520年　死者5,600万。
1980年　WHO根絶宣言。

スペイン風邪（インフルエンザ）
１９１８～１９１９年　死者４，０００～５，０００万。
エイズ
１９８１～２０００年　死者２，０００万以上。
新型コロナ
２０２１年　感染者２５，０００万。終息の兆し見えない。

イエスは自身最後となる過ぎ越しを十二人の使徒たちと共に祝い、イスカリオテのユダを去らせた後、全く新しい祝いである記念式（主の晩餐）を制定。使徒たちと共に賛美の歌を歌い、ゲッセマネの園へ向かい、そこで捕らえられ処刑されたのである。西暦33年ニサンの14日であった。

※福音書筆者四人のうち、ヨハネだけが主の晩さんは過ぎ越しの食事の前に行われたと明言している。処刑までのイエスと使徒たちの行動について、福音書の記述からは謎とされている点がほかにもいくつかある。これらの点を、コリン・Ｊ・ハンフリーズは『最後の晩餐の真実』で明快に解きあかしている。

イエスの死は偶然ではない。彼を人間として地上に遣わした神の意向に沿うものであった（第2部⑹参照）。

神はイエスを以前の霊者として天へ復活させ、神に次ぐ地位と栄誉を与え、しかるべき時まで待つよう命じたのである（詩編110編1節参照）。

そして、1914年神の王国が天に樹立、イエスは王国の王として即位、その支配権を地に及ぼし始めることにより自身の臨在を示している。

2. 苦難の時

⑴ 苦しみの劇痛

〝世の終わり〟を悲観的に捉えるシナリオもあることだろう。「疫病の蔓延は世界に急拡大、収束を見ることなく、人類はウイルスを弄んだ結果を自ら刈り取り、死に絶えてしまう。」、「地球温暖化による気候変動、異常気象で生物の生存が危ぶまれる。」「とどまることを知らない軍拡競争は続き、核の暴発が引き金となって全面戦争に突入、放射能に汚染された地球は廃墟と化す。」などである。

しかし、地球がそのように人の住めない所となってしまうなら、イエスの述べた「終わりまで耐え忍ぶ者は救われ」苦難を通り抜け「来たるべき世」へ入る約束は反古となり、神は偽り者と云うことになる。そのような事はあり得ない。

（偽ることのない神―テトスへの手紙1章2節）

大患難

どれほどの苦難が待ち受けているのだろうか。イエスはこう述べている。

「その時には、世の始めから今までなく、今後も決してないほどの大きな苦難が来るからである。」

大患難はどのようにして始まり、どのように終わるのだろうか。

それは終わりの時の期間中の最終局面で、終わりの時全体の中では比較的短いものである。

「神がその期間を縮めてくださらなければ、誰一人救われない。しかし、神は選ばれた人たちのために、その期間を縮めてくださるであろう。」

――マタイによる福音書24章21、22節

人類全てを巻き込む、規模として最初で最後の壮大なドラマとなるだろう。

「平和だ。安全だ。」のプレリュードの奏される中、「宗教に対する攻撃」のファンファーレで始まり、フィナーレは、「ハルマゲドンの戦い」の決着で幕を閉じる。

（表―1参照）

まだ起きていない、予告されているこれらの事柄はいつ起こるのだろうか。実のところイエスも知らず、神だけが知っている。

「その日、その時は誰も知らない。天使たちも子も知らない。たゞ父だけがご存知である。」

――マタイによる福音書24章36節

それでも、その到来は遠い将来のことではない。その日が近づいていることはイエスの言葉からうなずける。

「いちじくの枝が柔らかくなり、葉が出てくると、夏の近いことが分かる。それと同じように、これらすべてのことを見たなら、人の子が戸口に近づいていると悟りなさい。」

——マタイによる福音書24章32、33節

終わりのしるしが一斉に起こり始めてからすでに１００年以上経過しており、これらの人類を襲う災厄は更に激しさを増し加えており、多くの人々の忍耐が限界に達する時、人々は自制心を失い、暴徒と化し互いに殺し合う、人類自滅の事態も起こる。

しかしそのような結末はもちろん神の望むところではないだろう。そうなる前に神は事を運ぶに違いない。

終わりのしるしはとどまることなくエスカレートしている。中国湖北省武漢で２０２０年12月に始まったとされる新型コロナウイルス感染症パンデミックは、ワクチンの開発、各種予防・治療対策により収束の兆しを見せたが、一部の国を除き再び蔓延を繰り返している。

安全保障や治安維持についてはどうだろうか。クーデターにより民主政権にとって代わったミャンマー軍事勢力は、法に従って行動する、との表明とは裏腹に幹部の不正蓄財が明るみに出て市民の一層の反感を買っている。市民への殺害が続く中、武装市民グループの抵抗に対し、その地の住民皆殺しのジェノサイドも噂されている。

２００１年、ハイジャック航空機自爆テロによる、ニューヨーク市とペンタゴンで３,０００人近い死者、２,５００人以上の負傷者を犠牲とした攻撃は米国の憤激を引き起こし、イスラム過激派組織の動向は世界の平和基盤を揺るがす地雷源的な存在となっている。

2015年、フランス・パリ同時多発テロ。ISIL戦闘員と見られる過激派によって120人の死者、300人以上の負傷者が犠牲となった。

アフガニスタン。20年に亘る駐留米軍の撤退を窺っていたタリバンは労せずして首都カブール、米軍供与の高性能武器を手中に収め、軍事政権を発足させ、イスラム法の独自の厳格解釈に基づく恐怖政治の再来を思わせ、市民とりわけ女性を慄かせている。

しかし国際社会はタリバン暫定政権を認めず、海外資産は凍結、支援はほぼ全面的に停止された。混迷を深めるカブールでは、経済の崩壊、病気と飢えが広がり、多くの死者の出る恐れは深刻となっている。

拡散するイスラム過激派、アルカイーダ、IS、タリバンなどの活動地域は、イラク、シリア、イエメン、アフガニスタンに止まらず、インド、アルジェリア、リビア、エジプト、ソマリア、モザンビーク、ナイジェリア、マリなどアフリカ大陸、アジアーフィリピン、インドネシアなどにまで及んでいる。

世界の平和と安全にとっての大きな懸念は米中の対立・覇権をめぐる争いであろう。世界一、二位の軍事力を誇り、大国を自負する両国にとって、相手国のミサイル探知とその相手国への先制攻撃の優位性を高め、保持し続けようとの戦略、同時に防御ラインの構築、同盟国との連携強化など国家の威信発揚と存亡にかかわる最も重要かつ優先課題である。

第二次大戦後、米国と対等の地位を争ったロシアに、ソビエト連邦崩壊は大きな痛手となり、世界の覇権を争う余裕はなく、中国と手を組んで自国の存在感をアピールしている。

広大な国土・豊富な労働力をバックに、国営企業を全面的に支援、生産と輸出の驚異的成長・市場参入の拡大により米国を凌ぐほどの経済発展を見せている中国、その経済力と軍事力をちらつかせ、各地で現状維持をなし崩しに実効支配へと、その地域の住民との紛争物議を醸し新疆ウイグル自治区、チベット、モンゴル自治区などの人権問題と併せ世界の顰蹙を買っている。

このような米中対立の根源とも云うべきもの、それは主権在民を唱える民主主義と、伝統的な為政者への崇拝を旨とする専政主義との相克であろう。

絶対的な権力を求める中国における中華思想は変わっていない。皇帝から国家主席へと呼称は異なるとしても、保持するものは同じである。

米大統領の提唱する〝民主主義サミット〟の開催も気になるところだ。当然ながら、中国は招待されていない。

(2) 垂れ込める暗雲

２０２１年
南シナ海・台湾海峡。

米 第7艦隊ミサイル駆逐艦演習を繰り返す。

米 空母打撃軍「ロナルド・レーガン」、「ミニッツ」演習。

英海軍 最新鋭空母「クイーン・エリザベス」演習。インド洋でも。

英海軍　　〃　　「リッチモンド」演習。

台湾 改良型F―16　実戦配備。

中国による「極超音速」ミサイルによる攻撃実験。

中国の技術が予想以上に進んでいることを示すものと、従来のミサイル防衛システムでは追跡や迎撃が困難との声が米国内でも高まる。

中国軍用機の台湾防空識別圏の侵入は増え続けている。

台湾は中国の一部であり、本土への帰属は如何なるものにも妨げられない絶対的権利であるとの主張は一貫しており、武力行使の手段へ踏み切るのは極めて近い選択肢である。

まもなく68歳を迎える習近平国家主席は、これまでの「68歳定年」の慣例を破る長期体制を敷くべく、異例の3期目を目指すことが確実な情勢である。習氏の思想を政治的スローガンとして高め権威づける党規約改正への動きに異議が唱えられることはないであろう。

隣接する北朝鮮の動向は不気味だ。ミサイルの開発は米本土を狙えるＩＣＢＭ、潜水艦発射のＳＬＢＭなどの発射実験を繰り返し、核実験も視野に入れている。

20年にわたり政治の頂点に君臨してきたロシア・プーチン大統領の、大国としての地位奪回の動きは、クリミア半島を２０１４年一方的に併合、ウクライナ東部への侵攻を狙い、ＮＡＴＯ諸国との対立を深めている。

これら専制主義国家がその勢力を拡大、同調する国家が増加する一方、民主主義国家は人民パワーの台頭により、内部分裂・対立を深め弱体化、その数は減少傾向にある。

混迷する世界、その二極化と対立は世界の終焉の始まりと位置づける人は少なくないであろう。

クワッド（２０１９年発足）

日米豪印による中国の軍事的経済的影響力拡大に対する枠組みを強化。

安否懸念の中国テニス選手。

党元幹部との不倫関係を告白した後に行方がわからなくなっていた著名な女子選手。ＩＯＣ会長とのビデオ通話で安全が確認されたと発表。中国メディアも本人とされる動画を流した。

北京冬期五輪開催を直前に控えた今、中国の人権問題への批判が高まる中での、ＩＯＣ会長の対応にも疑問の声が挙がっている。

米政権は人権問題への懸念を重く受け止め、北京冬期五輪への「外交的ボイコット」を検討。新疆ウイグル自治区などでの中国側の出方次第では、西側諸国の選手団派遣ボイコットの様相を見せている。

感染者4億人を超え、1千万人に及ぶ死者を数えた新型コロナウイルスパンデミック。ワクチンの接種が進み沈静の兆しを見せていたが、接種率の高い先進国の、楽観と経済効果優先の規制緩和に踏み切ったことで、再び拡大が始まった。

ヨーロッパ各国において、イギリスで1日の感染者数14万人に及ぶ日もあり、ドイツ5万人、オーストリア1万6,000人と、1日の感染者数としては、人口に比して大きい。

大国でも感染拡大は同様で、累計死者数はアメリカ78万、ブラジル60万、ロシア57万、インド340~670万（推計）などとなっている。

韓国では1日の感染者数4,000人超を記録し、人口の8割以上の人が2回の接種を受けたにもかかわらず増加が収まらないのは、アストラゼネカ社のワクチンの接種を受けた人の割合が53％と、同社ワクチン接種後の抗体量保有期間が比較的短いことと、ワクチンの管理に問題があるのではと疑問視されている。

WHOが新たに確認した「懸念される変異株」。デルタ株などに比べて再感染するリスクが高いと指摘され、南アフリカで77件確認されたほか、ボツワナ、香港、イスラエル、ベルギーなどでも確認されている。

「オミクロン」と命名され、世界に新たなショックを与えている。ワクチン効果を低下させる恐れがある。

ウイルスの蔓延と変異、緊迫度を増す国際情勢、治安の悪化など多くの懸念材料を抱える世界の国々にあって、「平和だ。安全だ。」「待望の世界平和が実現した。これで世界のいろいろな問題を解決する見通しが立った。」と人々は声を上げることが出来るのだろうか。

この宣言がどのような形でなされるのかは分からないとしても、起きる事を止める力は人間にはない。

地と人の創造者・神の言葉は不変であり、実際神が約束を違えたことはない。

――。――。――。――。――。――。――。――。――。――

２０XX年

新型コロナウイルスによる爆発的パンデミック。

各国の水際防衛線は破れ、世界に安全地帯はどこにも見出せない。

変異の都度感染力を強め、ワクチン効果を弱めてきたウイルス変異株、ＷＨＯはシグマ、イプシロン、そしてこれが最後であると念じて命名したオメガ株のいずれに対しても効果的ワクチンを生み出せず、重症患者は年代を問わず急増、発症してからの重症化は一段と早まった。

病床数の不足、医療従事者への感染増加など、医療崩壊が顕著になり、自宅待機のまま死亡するケースが拡大している。

都市のロックダウンが相次いだ。感染源を封じ込めるゼロコロナ対策により収束を図ろうとの国もある。国境、港湾、空港の封鎖は経済活動に打撃を与えている。

物流の停滞、人の移動制限により操業停止や工場閉鎖に追い込まれる企業も少なくない。

部品調達を海外のメーカーに依存する製造業のサプライチェーン寸断が続くことは生産ライン停止の事態である。

食材、日用品、エネルギー（インフラ）の入手も極めて難しくなり、行政は機能の麻痺寸前である。

市民の生活は困窮、治安悪化への恐れは高まる一方である。人々は食料を求め、日用品を手に入れようと店舗や倉庫に押し掛け、暴徒化した者たちによる掠奪と破壊が随所に見られるようになった。

警察官の感染者も少なくない。暴徒の鎮圧に手が回らず、壊滅的な市街、コミュニティは続出、軍の出動も要請されたが、軍内部にもウイルス感染の報告が相次いでいる。

恐れていた大規模な暴動の動きが報告され、各国の政府は対応に苦慮、軍の集結を急いだ。

テロ組織が暴徒化した一般市民を巻き込む事態は避けなければならない。

軍が政権を握る国では、市民を大量に虐殺へと走る懸念が生じている。

感染者数は減少傾向を見せていたミャンマー。

再び増加に転じ、医療危機に陥っている。以前からの市民殺害が続く中、抵抗する市民勢力に対する軍による一方的な武力行使が危ぶまれる。

アフガニスタンもウイルス感染は同様の傾向にあり、タリバン政権は国際社会からの政府承認が得られず、市民生活の疲弊が懸念されている。

各国政府が更に恐れているのは、感染防止のための行動規制に対する市民の抗議活動である。比較的安定していると見られていたヨーロッパ。ベルギー、オーストリア、オランダなどＥＵ加盟国、そしてイギリスでも規制に抗議する活動が活発で、一部暴徒化している。

過激な行動の背後にあるのは経済的困窮ばかりではない。２年に及ぶ自粛と制限、うっ屈の思い、先行きへの不安と恐れなど様々な感情のうっ積が半ば自暴自棄の行動へと駆り立てているのだ。

自国民への圧力の強いロシア、中国など強権政治の国では、抑圧されている市民感情が経済格差、富の偏在と相まって、比較的穏健と云われてきた中間層の憤懣が一挙に爆発することを指導者層は恐れている。

かくして人類は、イエスの予告通り、史上類例を見ない邪悪と苦難に満ちた終わりの世のしるしを恐れのうちに見ることになった。

ＷＨＯは機能不全に陥っており、自国警察・軍のみでは事態収拾の見込めない国が続出したのである。

世界的な治安維持・安全保障のためのバックアップとしての国際連合は、実質において、世界の警察官としての役割を果たす力はない。自国の利益を優先するあまり、他国との協調性を欠き、世界の平和と安全構築の真剣な努力を蔑ろにして、国際連合を全ての国に対し、強制力を必要に応じ瞬時に及ぼす機関として育て上げる努力を怠ってきたことへの反省は大きい。

とりわけ、国連発足時の理念を骨抜きにしてしまった戦勝国の拒否権の罪は深い。

そうであっても、安保理会議と国連総会を至急に要請しようと、各国は動きはじめたのである。

〝今は世界に訴え、国同士一つになり、余力のある国からの援助を受けることだ。頼れるものはほかにはないのだ。やはり国連しかない。〟

(3) 緊急安保理会議

国連理事会議室

要請を待つまでもなく、事態は世界の平和と安全を破壊しつつあるとの共通の認識のもとに、安保理常任理事国はニューヨーク国連本部に集っていたのである。

冒頭の発言は異例とも思える強い口調であった。

Ｃ大統領
「もう我々は互いの間の拒否権などに固執している時ではないだろう。新型コロナ感染の脅威、行動規制と窮乏は限界だ。耐え切れなくなった民衆は暴動に走るだろう。」
Ｂ首相
「同感だ。暴徒にテロ組織が入り込んだら、収拾がつかなくなる。世界は今、国境を越えた力が必要だ。」
出席者たちを半円状に取り巻く大型スクリーンに、各国の暴虐的状況・緊迫した情勢が流れる。
Ｅ首席
「国連軍を増強しようと言うのか。難しい問題が多い。」
Ｄ大統領
「軍を出動させろと云われても、自国内で手一杯だ。」
Ａ大統領
「Ｃ国の国連軍参謀委員の提言を聞きたい。」
Ｃ国　軍統合参謀総長が立ち上がり、国連軍の改編・強化について進言する。
Ｃ大統領

「参謀総長。」

参謀総長

「はい。国連軍の現在の配備と機能については、お手もとの資料をごらんください。国連軍の派遣について、問題の一つは、任務遂行に際しての強い権限を付与されていない事です。二つ目は費用の負担です。軍の規模によるとしても、維持と出動に莫大な費用が必要となります。

各国軍の機密条項の開示も求められるでしょう。

いずれにしても、皆さんには大国として大きな犠牲を払う覚悟が必要でしょう。」

各国首脳の間にどよめきと沈黙がある。

A大統領

「君の言う通り、軍に強い力それも他国内で自由に行使する権限を与えると云うのは思い切った提言だね。国連常設軍のことだね。」

参謀総長

「はい。治安維持や犯罪防止など警察としての任務は大きいのですが、武装勢力に対峙する上での兵器などの保有、使用に制約のないこと、従来の国連警察（ＵＮＰＯＬ）、国連平和維持軍（ＰＫＦ）の如き参加や支持が任意のものではなく、全ての国に求められます。国際連合軍（ＵＮＦ）の名称に統一するのが良いでしょう。」

Ｃ大統領
「軍費の本質を見極める必要がある。防御の武器は攻撃の武器でもある。互いに疑心暗鬼を捨て、自国の軍費を国連軍のために用いるとすれば、２兆ドルもの額になる。」
Ｂ首相
「今は不可侵条約の議論をしている時ではない。兵器の使用・増強を凍結の決意を示し、直ぐに国連軍の編成と配備に取り掛かるべきだ。」

(4) 国際連合軍（ＵＮＦ）

参謀総長
「実のところ、国連軍は国際軍隊とは云え、国連憲章上では正式な名称、具体的な目的・構成・機能などについて一定しておりません。強制軍と平和維持軍に分けることはありますが、これまで安保理が指揮する国連軍が組織されたことはないのです。
　兵力提供の取り決めも、どの国との間にも結ばれていないので、国連軍編成の即応体制は実現していないのが実情です。過去の出兵も、国連軍とは云え米英の自主出兵に過ぎません。」
Ａ大統領

「我々は自国の利益を優先させてきたようだ。地球規模の危機管理体制は無いに等しいのではないか。」
C大統領
「今こそ国境を越え、国の大小にかかわらず結束すべき時だ。」
ここで出席者たちは驚く。
A大統領
「わが国はＡＩロボット軍団を派遣したい。「――」砂漠の地下に1万体が待機している。国連軍としてのプログラムをインプット次第出動可能だ。増産も出来る。ＡＩ機能により、あらゆる状況に対処する。」
D大統領
「そのロボットは正当防衛の範囲を逸脱して、人間に危害を加えるような恐れはないのか？」
A大統領
「軍用ロボットとして開発したものではあるが、治安維持や犯罪阻止を目的としたプログラムを使用する。この場合、ロボット三原則はＯＳソフトに必須条件だ。」
B首相
「ロボットが判断ミスをしたり、独走する心配は？」
A大統領

「万一の場合に備えアバター機能でオペレーターと繋がっている。データのやり取りや、必要な指示を与える。」

Ｅ首席

「実を言うと、わが国も同様のロボットを開発、実用化への準備が進んでいる。Ａ国と情報交換して、プログラムをインプットしたい。」

かくして国連軍の任務・編成・運用は安保理決議事項として採択、総会が召集された。開会に先立ち、安保理事会から更に、各国共に兵器の増強・使用は際限なく凍結。武器の使用は国連軍のみに限定。国際紛争凍結の決議案も提出された。

総会には、未加盟・未承認の国を含め世界の全ての国・地域２００余が出席。それぞれが自国の「憲法上の手続き」に拘束されることなく国連軍の指揮下で行動するよう、満場一致で決議、世界平和と安全保障へ踏み出したのである。

安保理各代表をはじめ世界各国が、世界平和への類例のない一致の精神を示すことが出来たのは何故か、人間には説明出来ないであろう。

人類史上、為政者の示して来たところの精神は、数少ない例を除いて、他者を貶め権力を奪い、地位に固執し、自己の考えにそぐわないものに対する譲歩・協調の見られないものであった。

神の意向の表われと受け止める人はどれほどいたかは分からないが、兵器・武器の凍結、使用に関して、世界が一致協力の精神を示したことは、イエス・キリストの次の言葉を重く受け止めていることになるであろう。

「剣を鞘に納めなさい。剣を取る者は皆、剣で滅びる。」
——マタイによる福音書26章52節

人間は自ら造り出したものにより自らの貴重な命を失っている。

深刻なコロナ禍での忍耐の生活。規制や制限・自宅待機など時間的余裕を与えられた人の中には、社会の在り方、生き方、価値観について思いめぐらす機会と受け止めた人は少なくないと思われる。人間の創造者・神からの警鐘と感じた人もあるだろう。

人間の歴史は様々な観点から見ることが出来るが、資本主義の歴史は基本的な歩みとして、他の人の労働から利益を得て成長してゆくと云う搾取の歴史である。それは身分階級制度と密接な繋がりを持っている。荘園・農奴・小作の各制度、手工業、産業革命を経て、大量生産、金融資本の時代へと規模を拡大、搾取の構図を保ち続けている。

先進国は地球温暖化による異常気象、生態系の変化に声を大にして、地球上の生物の生存の危機を訴え、CO_2削減に向け再生可能エネルギー、グリーン成長などを訴えている。

しかしソーラーパネル、ＥＶ用電池について考えてみても、材料のシリコン、銅、リチウム、コバルトなどの掘削・精練には化石燃料や大量の地下水が使われ、CO_2排出、自然環境の破壊が主に後進国に押し付けられているのだ。

ＥＳＧ投資、ＳＤＧｓなどと人々を引き付けるキャッチフレーズを駆使し、CO_2削減・地球温暖化への協賛をしきりにアピールするが、真剣に取り組むことはむずかしい。

そうするなら、それは利潤の大幅な減少に繋がり、株主の賛同は得られないからである。

資本主義経済は絶えず消費者ニーズを掘り起こし、社会の批判をかわしつつ新製品を開発し売り込み、利益を上げ続けなければならない宿命的システムである。そしてそれは労働階級と後進国からの収奪の上に築かれた虚構であり、行き詰まりを見せ始めている。

ＡＩコンピュータ、３Ｄバーチャル、メタバースなどＩＴ関連技術が脚光を浴びている。しかし大抵の人にとって無くとも困ると云うことではないだろう。

快適な別荘でパソコンを操るデイトレーダーは居なくとも困らないが、農業・漁業など食料生産に直接携わる人が居なければ飢えてしまう。自分の必要が他の人の労働によってまかなわれていること、身分階級や貨幣価値の消滅も絵空事でなく、現実に起こり得るものであることを考えるべきであろう。

地球上の諸動物の中で、人類だけが唯一例外的に貨幣価値を作り上げ、これによって生存と安全を入手している。つまり「金さえあれば何でも買える」人間社会で生きている。

しかし、その価値の対象となる実体が無ければ価値は消滅する。札束を抱きしめ炎熱の砂漠をさまようようなものだ。

新しい世では自給自足が原則であり、利潤を求め、交換価値を生み出すシステムは存在しない。

3．平和だ。安全だ。

２０ＸＸ年
国際連合軍（ＵＮＦ）は世界の１００カ国以上の国・地域へ出動、各地で暴動を鎮圧。凶悪犯を逮捕・収監、回復・復興へ向かっての秩序維持・安保確保への道筋は見えてきた。なかんずくロボット軍団の活動は期待以上のものがあり、任務に大きく貢献したことは明らかである。

国連各部局内での、ＵＮＦの活動に対する自己評価は満足のゆくものであった。

各国政府の惜しみない協力、情報提供も事態の収拾を促進した。

そして、軍縮への動きが強まったのである。

落ち着きを取り戻した人々の声。

フランス・パリ９区

会食を楽しむ退役軍人のメンバー。

「軍人がいなくなるなど考えたこともなかったよ。若い人たちは兵役に就くことはもうないのだ。」

「ノルマンディーも死と隣り合せだったけど、ディエンビエンフーは悲惨だったな。」

・１９４５年、独軍占領下のフランス・ノルマンディー海岸オマハ・ビーチでの米、英、カナダ連合軍による上陸作戦。死傷者は両軍合わせて約４２５,０００人。

・１９５４年、インドシナ戦争においてグエン・ザップ将軍率いるベトナム人民軍によるフランス軍の予想を超えた攻撃。２,２００人の戦死者、１０,０００人以上が捕虜となり、フランスのインドシナ撤退を余儀なくされる転機となった。

「もう外国と戦うことはないだろう。国内も安心して生活できるようになってきたね。」

「退役軍人担当省でも大がかりな祝典を準備しているようだ。今日はその前祝い、大いに楽しもう。」

「ベトナム軍も４倍の死者を出したこと、忘れてはならない。各国で植民地返還の動きも出ているようだ。」

米国・ミネソタ州ミネアポリス郊外住宅地

「静かね。連日のデモ騒ぎで外に出るのが怖かったわ。どこのお店も襲われて買い物どころでなかったわね。」

「ぼくは生まれつき色が黒いから、アフリカ系と思われるのが怖くてビクビクだった。」

・アフリカ系米国人、有色民族を故意に絞って調査を行う、レイシャル・プロファイリングを行っているとの人種差別の疑惑が向けられていた。

２０２０年、白人警察官に首を圧迫された黒人男性が死亡。

２０２１年、白人警察官の銃撃で黒人男性が死亡。

同年、白人女性警察官の銃撃で黒人男性死亡。

　このような警察官による人種差別的な過剰反応で連日のデモ。州兵への発砲事件も起き、夜間外出禁止令も出ていた。

「国連軍が来てからは警察官も変わったね。にこやかで近づき易くなった。」

「キャンパスの雰囲気も変わってきたわ。ヒスパニック、アジア、ラテン系もわけへだてない。」

「東地区で近々平和記念のお祝いパーティが準備されているらしい。学校もその日は休みになると先生が言ってたよ。」

チベット・ラサ

国連軍の中国大陸への赴任により事態は紏され、ダライ・ラマ14世は帰還。チベット民族居住区はチベット国として発足、国を挙げての記念祝賀式典の日を迎えている。スローガンは「平和と安全はわれらのもの。」

・チベット・ラサは中国大陸に位置し、豊かな森林・鉱物資源、何よりもチベット仏教僧侶たちによって積み上げられてきた文化・芸術品は破壊され、地図上で国を持たない国として、民の多くはインド・米国・ヨーロッパ各国へ散らばって行った。

ウイグル・モンゴルと共に、中国共産党政府による弾圧は学校教育にまで及び、モンゴル語は科学技術や中国流の思想道徳を教えるのに不向きなどと、中国語教育が強制されたのである。

これらは多民族を抱える中で、国家主席の強調する「中華民族の共同体意識」に基づいている。

チベットは１９１３年モンゴルと、１９１４年イギリスと条約を結び、「独立主権国家」として存在したが、国際連合に代表を持たなかったため、世界中は中国の侵略と破壊行為を傍観してしまったのである。

アフガニスタン・カブール

新しい公営住宅。本国帰還の難民優先のアパート
「何年ぶりかしら。故国で安全に生活出来るなんて夢のようだわ。」
「タリバンが銃を抱え睨む姿はもう思い出したくもない。」
「とりわけ女性の人権は蔑ろにされていたね。」
・実のところ、イスラム教の教えとタリバンの主張とは必ずしも一致していない。２００１年の旧政権時代、イスラム法の勧善懲悪「徳の奨励と悪徳の禁止」の極端な解釈は、例えば「女性は家で保護していなければならない」を、女性が学校へ行くことや、教育を受ける必要はなく、これらを禁止し、職業に就くこともままならないものであった。
西洋流の音楽や映画は悪であり、スポーツは反イスラム的とされ、ネットも遮断されていた。貴重な文化遺産バーミヤンの破壊は記憶に新しいであろう。

２０２１年米軍完全撤退後、市民の多くはタリバンの報復を恐れ他国へ逃れようと空港へ殺到した。

新政権の下でも、女性のスマホ禁止、男性の散髪・ひげそりの制限などが出され、容疑者の遺体を〝見せしめ〟としてクレーンに吊るしたり、旧タリバン政権時代を彷彿とさせる行為が見られた。民主制憲法の停止、土地収奪なども始まっていた。

ＵＮＦの赴任・活動後、トルコやパキスタンに逃れていた難民の多くはアフガニスタンに戻

り、新しい民主政治の下、その施策により、平和で安全な生活を享受し始めている。

日本・広島市
広島市平和記念式典会場
１９５２年慰霊碑建立以来続いている式典。
従来の式典に漂う悔恨と沈痛の情は影を潜め、喜びと希望に溢れている。
・広島・長崎での被爆体験に根ざし、第五福竜丸被災をきっかけにして生まれた日本の原水爆禁止運動であったが、徐々に強まった政治色を背景に分裂を深め、核の傘のジレンマにある政府との板挟みの中での核廃絶の叫びは力ないものであった。

ＵＮＦによる核の凍結と監視体制の確立など、後戻りすることのない世界平和への開かれた歩みの中での式典は、平和記念の名にふさわしく大きな喜びに包まれていた。

猛威を振るった新型コロナウイルス・パンデミックも収束の段階に入った。新規感染者数は急激な減少傾向にあり、崩壊状態にあった医療体制も通常の診療へと落ち着きを取り戻している。

ここでも神の意向の表われと考えることが出来るであろう。

世界各地から「平和だ。安全だ。」の声が上がり、国際連合は「世界平和年」宣言の検討を始めた。

・実際、1980年にも「国際平和年」の宣言がなされたことがある。交戦中の国々に1年間の停戦を要請したが、大抵の国は呼び掛けに対し何もしなかった。国際平和研究会はこの年だけで500万人もの人々が戦争で殺されたと報告している。

ローマ法王ヨハネ・パウロ2世は平和を求める祈りをささげるため、世界の多くの宗教指導者たちをイタリア・アッシジに召集した。このような祈りが神に聴かれるはずもないであろう。

「人々が『平和だ。安全だ』と言っているときに、ちょうど妊婦に産みの苦しみが訪れるように、突如として滅びが襲って来るのです。決して逃れることはできません。」

——テサロニケの信徒への手紙一　5章3節（本編第3部(8)参照）

4．宗教に対する攻撃

沈黙していた宗教界は声を上げ始めた。宗教がある故に世界平和は実現したと唱える。

多くの信者を擁する教団は政治の動向に敏感である。権威に寄り添う宗教指導者は多い。その構図は権力に纏わりつく娼婦のようであり淫らな女と呼ばれている（ヨハネの黙示録17章5節参照）。

古代から戦の可否の決断を占い師に頼った王は多く、今日でもトップの重要な決定に際し、著名な占星術者がひそかに呼ばれる事もあるようだ。

世界には多くの宗教が存在する。三大宗教としてキリスト教、イスラム教、仏教があり、ヒンズー教信者は仏教より多いが、民族宗教である故に三大宗教に入らない。神道、道教、儒教、ユダヤ教、アニミズム（精霊崇拝）、シャーマニズムなど多岐にわたる。

宗教を超自然的な力や存在に対する信仰と崇拝の形式と定義するならば、宗教の始まりは人類誕生のはるか以前であると云える。

聖書によれば、創造の神によって造られた天使（みつかい）イエス、セラフ、ケルブ、そのほかのみつかいたち、全てが神を讃美、畏敬の念をもって崇拝している事が記されている。

最初の人類アダムも同じ神を崇拝していたが、ここで崇拝の対象を他に向けさせる出来事が起き、これをきっかけとして宗教は分裂の経緯を辿ることとなる。

ケルブの一人は自分が神に代わって人からの崇拝を受けることを渇望、企みをもってアダムを籠絡、自ら神に逆らうサタンとなった（本編2部(3)参照）。神に背く結果は死であるとの警告を受けていたアダムに対しサタンは、決して死ぬことはないと唆かし神から離反させることに成功した。

アダムは死を免れることはなく、偽りを語ったサタンは、偽りを隠蔽するため、死者は「別の世界で生きている」と更に欺きを重ねたのである。

今日、大抵の宗教・宗派は現世を離れる人が生きる来世について教えている。物語、体験談など人々を惑わし誤導している。

このようなサタンの偽りはどのようにして世界に広まって行ったのだろうか。発祥の地は中東バビロンの町バベルである。大洪水後、その場所へ集まり合った人々は全地へ散るようにとの神の命令に逆らい、そこへバベルの塔を建て始め、頂を天にも届かせようと豪語し、ニムロデを首魁とする王国をその地に築き上げようとしたのである。

しかし神の怒りにふれたその地の住民は全地に散らされ、彼らの宗教、偽りの教えも世界中へ播き散らされて行ったのであった（創世記11章1—9節参照）。

ムハンマド、仏陀、孔子などの広く知られている人物は主要な宗教の開祖と受け止められているが、宗教を創設したわけではない。不満足なものになっていた既存の宗教制度を変えたり改めたりしたのである。

多くの宗教の基本的信条に見られる類似性は、それらの宗教が各々全く別個に、他に依存せずに始まったのではなく、共通の源泉のあることを示している。

創造の神への畏れをもって始まった宗教の純粋さは、サタンにより失われ、魂の不滅、死後の世界と云うまやかしによって、長い年月人々は誤導されて来たのである。

大抵の宗教に見られる争い、敵意、分裂・分派、そして穏やかな実を常に生み出しているとは云えない恐れや圧力による信者の処遇である。

サタンの息の掛かった宗教の更なる罪は、政治的権威・権力との寄生的とも云うべき癒着である。例えば、中世ヨーロッパにおける十字軍の異教徒・異端者との戦い、11～13世紀の、聖地エルサレムをイスラム諸国から奪還する戦いなど、宗教に名を借りた殺戮の歴史に他ならない。娼婦の如くの政治権力との絡み合いは戦争を鼓舞し、出征兵士に神の名による祝福を与え、戦死者を軍神として祭り上げると云うおぞましさである。

科学技術への不当な干渉も見過ごすことは出来ない。ガリレオの唱えた地動説は、ローマ・カトリック教皇の反対を受け、一般に受け入れられるようになるまで４００年もの長い年月を費やし、真理の芽は摘み取られてしまったのである。

ガリレオの説を考えるだけでも異端として裁いたカトリック教会であるが、大地の安定を旨とするローマ・カトリックの教義と本質をよく理解し科学的な言葉で説くガリレオに対し、自分たちの牙城の崩されることを恐れる宗教的裁判であった。

創造者・神は偽りの教理によって多くの人々を誤導し、無辜の民の血を流させ、真理をねじ曲げ広めてきた宗教組織の存続を終わらせることを心に定め、国際連合軍を用いてその任に当たらせることとしたのである。


「彼女の罪は積み重なって天まで届き、神はその不義を覚えておられる。」

――ヨハネの黙示録18章5節

「また、あなたが見た十本の角とあの獣《けもの》は、この淫婦を憎み、身ぐるみ剥いで裸にし、その肉を食らい、火で焼き尽くすであろう。

神の言葉が成就する時まで、神は彼らの心を動かして御旨を行わせ、彼らが心を一つにして、自分たちの支配権を獣《けもの》に与えるようにされたからである。」

――ヨハネの黙示録17章16、17節

(第3部(7)参照)

宗教は平和を作り出し保つ上でどれほど役立つものだろうか。人々の多くは本当に宗教に救いを見出しているのだろうか。

例えば、信教の自由の保障されている日本の、文化庁による宗教人口の調査によれば、２０１６年の信者数１・８億人で、以前に２億を上回ったこともある。総人口よりはるかに多い信者数は、二つ以上の宗教を併せ持つ人の多いことである。

もちろんこの調査は自己申告に基づく集計であり、信者としての定義が明確に示された上での調査でもない。

信仰の有無はともかく、宗教が人々の生活様式、季節の行事として深く根付いていることは否定できない。

全国で15万を超える寺社、中でも由緒ある荘厳華麗な神社仏閣が大切に保護されていることは、人々の多くは目に見える外見を参拝することで満足しているのだろう。

―――。―――。―――。―――。―――。―――。―――。―――。―――。―――。―――

国連安保理常任理事国の会合

世界平和の実現に際して大きな貢献ありと主張、国連におけるふさわしい位置付けと待遇、「世界平和年」記念式典に於ける特別の表彰を頑なに要求する世界の宗教指導者たちの政治への介入姿勢は安保理委員たちに危惧を抱かせるものであり、将来への禍根を残すとの思いで一致していたのである。

とりわけ宗教に名を借りた、イスラム過激派の世界への展開を見せている戦略に恐れを感じていた。

E首席

「宗教は無害なものと思われているが、穏やかな仮面の裏に怖いものが見える。イスラム教の選択肢はアッラーへの服従と死だ。」

（マルクスの述べた、宗教の不幸の一つは現実の不幸に対する抗議であり、民衆のアヘンである、との論を念頭に置いていたと思われる）

A大統領

「イスラム教は最近、中東、北アフリカ、アジア、太平洋に加え、ヨーロッパ、南北アメリカで急激に増加している。」

C大統領

「イスラム過激派は武装解除され、組織立った勢力は影を潜めたと思うが。」

中東――

イラク「アルカーイダ」

アフガニスタン「タリバン」

シリア「IS」

アフリカ――

ナイジェリア「ボコ・ハラム」

イスラエル「ハマス」
など、主だった組織の動向は気になるところである。救いをちらつかせ、職のない若者を戦闘員に仕立て上げている。
B首相
「見過ごせないのは、過激派を一つに纏めて戦う姿勢を強く見せていることだ。」
A大統領
「イスラム教徒の国境を越えた結束が見られる。」
２０２０年に19億人、世界総人口の１／４を数えるムスリムはキリスト教信者に迫る勢いを見せている。
イスラム教への入信、他宗教からの改宗を強圧的な仕方で勧める動きが各地で報告されている。
C大統領
「モスクで秘密裏に礼拝をよそおった謀議が行われているようだ。」
D大統領
『ジハード主義（聖戦主義）者たちは、シーアから分かれたバハーイ教の「世界の基本的原理は完全に調和しており宗教は一致すべき」との主張を全面的に取り入れ、諸宗教を集め、イスラム教に転向させようと企てている。』

E首席
「言った通りだ。宗教は毒で、世界の平和を脅かす敵であり、この世から消し去るべきだ！」

全ての宗教を滅ぼすと云うのは極端で無謀な考えと思われる。無神論や不可知論があり、神社仏閣へ参拝するとしても信者とは限らず、心の平穏を保つ存在でもあろう。

それにも拘わらず、安保理常任理事国の決定は宗教の全面的な否定であり、根絶であった。PKFの改編・強化の際と同様、今回の決議に於いても、神は彼らの心を一つにし、神の考えを遂行するよう、心を動かしたのである。

総会は圧倒的多数の支持を得て声明文を決議した。

国際連合声明

「全ての宗教的組織を解体し信者の離脱・解散を命ずる。

解体・解散された宗教組織を再び組織すること、及び新しい宗教を立ち上げ組織することを禁ずる。宗教的礼拝、慣行、行事、衣食住に関しての行為、また入信の勧誘、強制教育を禁ずる。

信条を理由としての優先、拒否の主張は認めない。宗教的組織の保有する宗教的行為の維持、継続を目的としての建築物、又土地、資産は没収する。違反する者は処罰される。」

宗教界は形容し難い混乱振りを見せた。

激怒したローマ教皇は首席枢機卿、大司教を伴い、ニューヨーク国連本部へ押し掛けたのである。世界の最小国でありながらも、国土全域が世界遺産であり、カトリックの総本山として、世界の宗教の中心的存在を自認している法王、枢機卿の誇りは微塵に砕かれてしまったのであった。

国連事務総長の応対は素っ気のないものであった。「あなたたちがその煌びやかな法衣や冠を捨て、宗教を離れたと公言するなら、一市民として会いましょう。」

イスラム協力機構（ＯＩＣ）事務局長もサウジアラビア・ジッダから駆け付け、国連事務総長に脅しを掛ける。「イスラム教の信者の数はキリスト教信者数を超えつつある。世界中のムスリムたちは黙ってはいないだろう。神アッラーを怒らせたら、とんでもない事が起こるだろう。」

日本・靖国神社、護国神社の宮司、政府関係者たちに衝撃が走った。

靖国神社は政治と宗教との関係に於いて、持ちつ持たれつの典型である。軍事的宗教施設として、国民全体を戦争に動員し、戦死者を祀り、精神的支柱として、戦争を美化する道具として存在したのである。

併設の「遊就館」も軍事博物語として戦争美化の役割を担ってきた。とりわけA級戦犯14人を合祀することにより、日本の侵略戦争を断罪した東京裁判を否定しようとの意志を示した罪は重い。

ＰＫＦの宗教への攻撃は容赦のない激しいものであった。飢えた猛じゅうの群れが無防備の羊たちに襲い掛かり、骨の髄までしゃぶり尽くす様として描かれている（ヨハネの黙示録17章16節参照）。

国際連合は「十本の角」で表わされている。聖書の中で十は完全（全て）を表わす数で、これまでに存在した人間の王国全ての集大成を指す。

宗教が女性として描写されているのは、偽りの教えの母体として、また政治との娼婦的な癒着ぶりからであり、「淫婦」とされている。

高位の僧職者たちは資格剥奪、追放され、個人・法人を問わず資産、土地は没収され、その価額は莫大なものであった。

「十本の角」は文化財の価値を識別する力を削がれ、遠隔操作のマシンの如く、各宗教の華麗・壮麗な殿堂、寺院、文化遺産、遺跡を惜しげもなく壊滅させたのである。

エルサレムは、三つの宗教それぞれが「わが聖地」として主張している。ユダヤ教徒にとり、ソロモン王が建てその後の破壊と再建の繰返しを経て、ヘロデ神殿の遺構として西の壁の下部「嘆きの壁」の歴史的由緒ある地である。

イスラム教はムハンマドが大天使ガブリエルに伴われ、一夜にして天に昇ったとされる場所に「岩のドーム」を建設している。

キリスト教にとっても、エルサレムで処刑され絶命したとされるイエスの死の場所、ゴルゴダの丘のあったとされる地に建てられた「聖墳墓教会」の所在地として、決して譲ることの出来ない聖地である。

これら宗教の争いの〝るつぼ〟を「十本の角」は何のためらいもなく一掃した。

バチカンにとり、カトリックにまつわる聖地、教会の総本山「聖ペテロの墓所」として建て始められたサン・ピエトロ大聖堂など由緒ある建築物が破壊されることは信者にとって耐え難い暴挙である。

とりわけ教会が何世紀にもわたり蓄積してきた文書類の保管所、使徒文書館、機密文書館の消滅は痛恨の極みとして嘆かわれた。

日本・奈良の唐招提寺は中国から渡来した鑑真を開基とする律宗の総本山である。大乗仏教の盧舎那仏《るしゃな》が収められ、世界文化遺産にも登録されているが破壊を免れることはなかった。

皇室・国民の大御祖神《おおみおやかみ》として崇敬を集める天照大御神を祀る伊勢神宮の５,５００haもの広大な敷地をはじめ、全国各地の神社・寺院の所有地も没収された。奈良、鎌倉大仏など無数にある大仏も、仏教の象徴として全て打ち倒されたのである。

イスラム教徒も大きな喪失感を味わうことになった。サウジアラビアのメッカ（マッカ）に置かれたカアバ神殿は１４００年に及ぶイスラム教の中での特別な存在である。ムハンマドの生誕地として、ムスリムが一生に一度は訪れる所である。また世界中のムスリムが一日に５回（シーア派は３回）カアバの方角を向いて祈りを捧げるモスクも共に取り壊された。

ヒンズー教も壊滅させられたが、唯一の救いは母なるガンガー・ガンジス川での沐浴が禁止された事で、下水・化学物質・死体などで汚染された川に入らないでも済むことであろう。

宗教界に怨嗟の焔が渦巻いた。それぞれの宗教・宗派は自分たちの神仏に祈り求めたが答えはなかった。

無神論者たちは冷やかな同情を覚えたが関わろうとはしなかった。信者の中にも僧職者の堕落ぶり、分裂・分派、疑問を呈する教理など離脱を考えていた者は少なからず居たことであろう。

かくして「ハルマゲドン」へのカウントダウンに入ったのである。

マゴグのゴグによる攻撃

この時、「十本の角」の攻撃をまだ受けていない宗教があった。聖書の神（創造者）を崇拝するキリスト教の宗派で、キリスト教の発足当時からイエスの教えに忠実に従い続けて来た。「十本の角」が攻撃を遅らせているのは、その宗派が神の約束による、キリスト・イエスを王とする神の王国が、苦難に包まれた〝この世〟を終わらせ、新しい地へと導いてくれるその日を待ち望んではいても、人間の政府による治世を、神の律法を超えない限り、神の認めている相対的権威として受け入れてきた故である。

しかしながら、「十本の角」は手を緩めることなく、この宗派をも滅ぼすべく動いていた。混乱の極みにある宗教諸宗派の中にあって、平穏裡に過ごしているように見える彼らに、憎悪そして激怒を抱いた。〝マゴグの地のゴグ〟と呼ばれる辺境諸国民が「十本の角」に相呼応し彼らに襲い掛かったのである。ゴグに対し神の意図が働いたのは明らかである。

「人の子よ、メシェクとトバルの頭である指導者、マゴグの地のゴグにあなたの顔を向け、彼に向かって預言して、言いなさい。主なる神はこう言われる。メシェクとトバルの頭である指導者ゴグよ、私はあなたに立ち向かう。」

——エゼキエル書38章２、３節

「私はあなたの向きを変え、顎に鉤を掛け、あなたとその全軍、馬と騎兵を連れ出す。彼らは皆、完全に武装し、大盾と小盾を持ち、剣を取る大部隊である。」

——エゼキエル書38章４節

神は自身の民の保護のため、天で待機していた神の王国の王、戦士イエス・キリストに出動を命じ、「ハルマゲドン」の戦いへ突入した。

5．ハルマゲドン

イエスの述べた大患難のフィナーレ「ハルマゲドン」は、イエス・キリストとその王国の成員144，000人から成る天の軍勢と「十本の角」を中核とする諸国家の連合体との、全地にわたる戦いである。

『――ヘブライ語で「ハルマゲドン」と呼ばれる所に王たちを集めた。』

イエスの予告通り、その日は人類がかつて経験したことがなく、二度と起こることのない苦難の日となる。

「……この地に住むすべての者よ、震えおののけ。主の日が来る、それは近い。
闇と暗闇の日、雲と密雲の日が。……
このようなことはいにしえより起こったことがなくこれから後も代々再び起こることはない。」

――ヨエル書2章1、2節

神を敵として戦う者たちが受ける処罰についても、激しい言葉で語られている。

「これが、エルサレムに戦いを挑むすべての民に主が下される疫病である。彼らの肉は自分の足で立っているうちに腐る。目はまぶたの中で腐り舌は口の中で腐る。」
――ゼカリヤ書14章12節

（エルサレムは象徴的に天の王国政府を指す）

一方、善を求めて生き続ける人たちは保護と祝福を受ける。

「善を求めよ。悪を求めるな
あなたがたが生きるために。そうすれば、あなたがたが言うように
万軍の神である主はあなたがたと共にいてくださるであろう。」
――アモス書５章14節

畏怖の念を抱かせる天界の現象も地と住民に破滅的な影響を及ぼすことだろう。

「その日になると私は真昼に太陽を沈ませ、白昼に地を闇とする。――主なる神の仰せ。」

――アモス書8章9節

「山々はその足元に溶け、谷は裂ける。
火の前のろうのようにまた坂を流れ落ちる
水のように。」
――ミカ書1章4節

天の軍勢には天使（みつかい）たちも含まれ（ヨハネの黙示録19章14節参照）、神の民が直接に武器を取り戦うことはなく、イエス・キリストは彼らを守り、敵が同志討ちをするよう仕向ける。


「……人の剣はそれぞれ互いに向けられる。」

――エゼキエル書38章21節

ハルマゲドンの戦いは神の側の一方的な勝利に終わった。

エデンの園で神に反逆し、人類を破滅へ陥れたサタンは捕縛され、幽閉された。

「また私は、一人の天使が、底なしの淵の鍵と大きな鎖を手にして、天から降って来るのを見た。
この天使は、悪魔でありサタンである竜、すなわち、いにしえの蛇を捕らえ、千年の間縛って、底なしの淵に投げ込み、鍵をかけ、その上に封印をした。
千年が終わるまで、もはや諸国の民を惑わさないようにするためである。
その後、竜はしばらくの間、解き放たれることになっている。」

――ヨハネの黙示録20章１〜３節

神の保護のもとに、ハルマゲドンを生きて通り抜けた人々（ヨハネの黙示録19章１節などで大群衆と呼ばれている）はイエス・キリストの千年統治（新しい世）の幕開けを迎える。サタンに惑わされての人が人を傷つけることはない。

神の王国の導きにより、人間たち自身の手により、荒廃した地を整備し楽園《パラダイス》に造り変えるには膨大な数の健康な人員が必要である。それで人々の身心の完全な健康を取り戻す業《わざ》は優先して行われ、比較的早い時期に復活も始まるだろう。

新しい世での生活は人類にとってどれほど喜びに溢れたものとなるかは、本編第５、第６部で述べた如くである。

6. 千年統治の終わりに

千年を経た後、サタンは解き放たれる。

神の王国の民に身心の完全性を与える上での、人類最後の試みが臨む。

「千年が終わると、サタンは牢獄から解き放たれ、地の四方にいる諸国の民、ゴグとマゴグを惑わそうとして出て行き、彼らを集めて戦わせようとする。その数は海の砂のように多い。」

――ヨハネの黙示録20章7、8節

（大患難の際には、まだ国境は存在していたので〝マゴグの地のゴグ〟と呼ばれていたが、千年統治に入り世界は一つに統一され国境は消滅し、〝ゴグとマゴグ〟と呼ばれ、神に逆らう複数の象徴的な国民を示している）

ゴグとマゴグの攻撃に屈し、サタンの側に付くことを選ぶ者たちは少数ながら現れるだろう。

彼らはサタンとその勢力共々復活のない「永遠の滅び」へと一掃される。

一方、試みを耐え神への忠実を証した者は、その名を「命の書」に記され、身心の完全性へと引き上げられて、永遠に生き続ける（ヨハネの黙示録20章15節参照）。

千年統治の期間中、神に不忠実を示す者は千年を待たず滅びに渡される。

かくして、地と人間の創造者・神の目的は完全に成就し、役割りを果たしたイエスは千年王国を神に返し、神の直接支配となり、イエスを始め全ての被造物は神に服し、この関係は永遠に続くものとなる。

イエスは、最後まで耐え忍ぶ者は救われると述べた後に、次のように励ましている。

> このようなことが起こり始めたら、身を起こし、頭を上げなさい。
> あなたがたの救いが近づいているからだ。

——ルカによる福音書21章28節

付　録

３０ＹＹ年

キリストは王国を神に返し、神の直接支配となっている（コリントの信徒への手紙一　15章24節参照）。

青年に達した兄と妹の二人は、王国の住民としての資質を経験を通して学び身に付けつつ、選択した研究テーマの学習のため、親元を離れ数年に亘る旅に出た。

一般教養としての学問は、専任教師による学校教育ではなく、両親からの直接の教育、地域コミュニティでの研究を通して学んでいる。

親には子の教育のための十分の時間があり、子の年齢制限やカリキュラムなどなく、互いに自由にのびのびと楽しみながら専念出来る。

何よりも、王国の住民は心身の完全性を与えられており、理解力に加えて学んだ事柄を忘れることのない確かな記憶力が備わっているのだ。

言語は全地で一つであり、人は美しいもの、好ましい特質を意味する名前でそれぞれが呼ばれる。同じ名であれば住む区域によって区別される。

人は太陽と共に生活する。住む地球は球体であり、自転するので、一日の活動は日の出と共に始まり、日没で休息に入る。それで住むゾーンにより一日の時刻はそれぞれに異なるとしても、時差を気にする必要はない。

時間の制約の中で移動し、あれもこれもとやり遂げなければならない、限られた寿命しか生きられない古い世は過ぎ去ったのである。

さて、道路は全て徒歩、自転車、カートでの通り道であり、自動車道、鉄路はなく、高架線もない。視界を妨げるものや景観を損ねるものもない。なだらかな起伏の続く、心をなごませる美しい植込みの続く道を、アシスト付きの自転車、カートで軽快に走り行く楽しさは格別である。気候は四季を通して、人の活動に対し最適に保たれ、体を動かす喜びを存分に味わう。大小様々な動物たちも優美な姿を見せ兄妹を歓迎する。人と動物たちは互いのテリトリーを侵すことはない。

旅行中の人、世界の人々を互いに繋ぐのはホログラフィで、地球の反対側ゾーンに住む人であっても、すぐ目の前に居るかのように、姿を見、会話を楽しむ。

要所に設置されているレストハウスには宿泊の備えがあり、自由に好きなだけ滞在出来る。専用の農場から収穫し調理する楽しさもある。着替えやスポーツ、パーティ用の衣服も用意され、ハウスは管理ロボットにより維持されている。

どの家でも訪問者は歓迎され、近隣の家族も顔を見せ、気楽にパーティを楽しむ。飲食は健康維持のためだけでなく、楽しむためのものである。

新しい世で、凝った料理は必要なくいたってシンプルで、素材そのものを生かした調理が基本で調味料などほとんど要らない。穀物、野菜、果実どれも古い世の産物に比べ格段に美味で栄養価も高い。好みとして盛り付けや食器を選び会話がはずむ。

年間を通して作物は豊かに実をつけ、その日食べる分を収穫すればよいので常に新鮮であり貯蔵の必要はない。

日用品は各地区において集約的に生産され、それぞれの家庭へドローンで配送される。

生活を楽しむことに加え、学ぶことも又人生の目的である。学ぶことに終わりはなく、青年期に限られたことでもない。旅に出なくとも各地域に設けられたアカデミーを拠点にして、自らの選んだテーマを学習し研究することを楽しむ。

兄が学習と研究の対象として選んだのは、自然界における物質の組成に関し、有機体すなわち生命がどのようにして造られてゆくのかがテーマである。

妹の方は園芸特に花に深い関心があり、地球上の花の全てを識ること、そして美しく育てる栽培についての研究である。

学び続けることは生きる目的であり、創造者・神は人々をそのように造ったのであり、神は人の求めに応じて、ふさわしい時に神について、神の業についての知識と知恵を与えてくれるだろう。

しかしながら、神について人がその全てを知りつくす事は決してないのである。

樋口　政昭（ひぐち まさあき）

1936年、千葉県生まれ。神奈川県在住。

新しい世に生き続ける

2023年2月15日　第1刷発行

著　者　樋口政昭
発行人　大杉　剛
発行所　株式会社 風詠社
〒553-0001　大阪市福島区海老江5-2-2
大拓ビル5-7階
Tel 06（6136）8657　https://fueisha.com/
発売元　株式会社 星雲社
（共同出版社・流通責任出版社）
〒112-0005　東京都文京区水道1-3-30
Tel 03（3868）3275
装幀　2DAY
印刷・製本　シナノ印刷株式会社

ISBN978-4-434-31584-8 C0016